掌尚文化

Culture is Future

尚文化·掌天下

山东省重点研发计划（软科学项目）：数字技术创新赋能山东省制造业企业
高质量发展的机制、效应与路径研究(2023RKY03019);
聊城大学学术著作出版基金；聊城大学博士科研启动基金（321052314）；
山东省高等学校青创科技支持计划（2023RW051）

THE INFLUENCE OF
DIGITAL TECHNOLOGY APPLICATION ON
THE CAPACITY UTILIZATION RATE OF
CHINESE MANUFACTURING ENTERPRISES

聊城大学商学院 · 青年学者文库

数字技术应用对中国制造业企业产能利用率的影响研究

刘洋 著

经济管理出版社
ECONOMY & MANAGEMENT PUBLISHING HOUSE

图书在版编目（CIP）数据

数字技术应用对中国制造业企业产能利用率的影响研究/刘洋著 .—北京：经济管理出版社，2024.4
ISBN 978-7-5096-9701-6

Ⅰ.①数…　Ⅱ.①刘…　Ⅲ.①数字技术—影响—制造工业—工业企业管理—研究—中国　Ⅳ.①F426.4

中国国家版本馆 CIP 数据核字(2024)第 091671 号

组稿编辑：张　昕
责任编辑：范美琴
责任印制：张莉琼
责任校对：蔡晓臻

出版发行：经济管理出版社
（北京市海淀区北蜂窝 8 号中雅大厦 A 座 11 层　100038）
网　　址：www. E-mp. com. cn
电　　话：（010） 51915602
印　　刷：唐山昊达印刷有限公司
经　　销：新华书店
开　　本：720mm×1000mm/16
印　　张：12. 75
字　　数：241 千字
版　　次：2024 年 6 月第 1 版　　2024 年 6 月第 1 次印刷
书　　号：ISBN 978-7-5096-9701-6
定　　价：98. 00 元

联系地址：北京市海淀区北蜂窝 8 号中雅大厦 11 层
电话：（010） 68022974　　邮编：100038

前　言

中国经济已由高速增长阶段转向高质量发展阶段，制造业作为立国之本、兴国之器、强国之基，必须由过去外延式发展转向内涵式发展，注重发展质量。制造业企业作为制造业转型升级与经济高质量发展的重要载体，要向高质量发展模式转变。企业是产能扩张的微观主体，对于正处于百年未有之大变局的中国制造业企业而言，提升产能利用率不仅是增强持续生存能力、综合竞争力以及实现高质量发展的重要环节，也是优化社会资源配置和提高经济韧性的关键所在。中国制造业企业目前落后产能“淘而不汰”、过剩产能“久调不决”等问题仍然突出，成为制约中国经济发展的深层次难题。随着新一代信息技术的不断发展，人工智能、大数据、云计算、区块链等数字技术正以前所未有的广度和深度嵌入产品生产与服务过程中，日益成为中国制造业企业高质量发展、制造业转型升级的新动能。面对世界范围内工业化与数字化深度融合的新趋势，研究数字技术对中国制造业企业产能利用率的影响具有重要意义。

在理论分析方面，本书采用产业组织理论、产业发展理论以及技术进步理论作为本书研究的理论基础，应用产业组织理论 SCP 范式以及 Romer（1990）提出的内生增长模型，分析了数字技术应用对制造业企业产能利用率的直接影响。本书还探索了数字技术应用对制造业企业产能利用率的影响机制。基于企业的不同性质进行了异质性分析，并探究了企业所处的内外部环境对数字技术应用去产能效应的调节机制。在实证分析方面，本书运用中国制造业企业数据对理论分析进行了实证检验。在科学测度数字技术应用和产能利用率的基础上，本书构建了基准回归模型、机制检验模型、分组回归模型以及调节效应模型分别检验数字技术应用对制造业企业产能利用率的直接影响、影响机制、异质性以及内外部环境条件的调节机制。主要得出以下结论：

数字技术应用对制造业企业产能利用率具有促进作用。在理论方面，将数字技术应用和产能利用率纳入“结构—行为—绩效”SCP 范式中进行分析，并将数字技术应用纳入内生增长模型中，在理论上推导出数字技术应用可以提升企业的产能利用率。在实证方面，采用基于机器学习的文本分析法测度了中国制造业企业的数字技术应用水平。针对该方法可能出现的企业策略性信息披露问题，本书通过控制会计信息质量、信息披露质量等方式进行缓解。采用改进的随机前沿模型法测度了中国制造业企业产能利用率。构建基准回归模型检验了数字技术应用对制造业企业产能利用率的影响。研究结果表明，数字技术应用显著提升了企业产能利用率。构建分位数回归模型能够缓解一般均值回归模型的限制，探究了数字技术应用对制造业企业产能利用率条件分布的影响规律。针对可能存在的内生性问题，使用 Bartik 工具变量、多时点 DID 及 Heckman 两阶段模型进行检验与修正。

数字技术应用通过投资改善机制、企业柔性机制、创新激励机制及人力资本机制提升制造业企业的产能利用率。本书在理论层面论证了投资改善、企业柔性、创新激励及人力资本这四种影响机制，并构建了机制检验模型对其进行实证检验。结果表明：第一，数字技术应用改善了企业内外部的信息不对称、缓解了企业的委托代理问题，提高了投资效率，进而提升了企业的产能利用率。第二，数字技术应用加快了资产周转速度、拓展了销售范围、提高了管理效率、提高了企业柔性，进而提升了企业的产能利用率。第三，数字技术应用激励了企业创新，实现了企业创新的“增量”，值得注意的是，数字技术应用没有实现企业创新的“提质”。“双重套利”和“同群效应”是抑制数字技术应用过程中企业创新“提质”的重要原因。第四，企业应用数字技术能有效助力企业人力资本升级，进而提高企业的产能利用率。数字技术应用可以显著提高企业的劳动力需求，虽然企业应用数字技术替代了企业中的部分生产人员，但是创造了更多技术人员和研发人员的岗位需求，优化了企业内部劳动力结构。企业应用数字技术对劳动力需求和劳动力结构两个维度产生“双重互补作用”从而发挥人力资本效应。

数字技术应用对不同特性的制造业企业产能利用率具有异质性影响。本书在理论层面基于企业融资约束、所处生命周期、所有权性质及技术密集度的不同进行了异质性分析。本书认为，融资约束较低的企业应用数字技术去产能的效果更好；对处于不同生命周期阶段的企业而言，数字技术应用对产能利用率的影响存在异质性；非国有企业相比国有企业应用数字技术提升产能利用率的效果更好；不同技术密集度的企业，数字技术应用提升产能利用率的效果存在异质性。在实证分析方面，通过构建分组回归模型实证检验了异质性理论观点。分组回归结果表明：第一，企业应用数字技术对低融资约束样本企业的产能利用率具有显著的提升作用，对高融资约束样本企业无显著影响。第二，对于成长期和衰退期的企业，数字技术应用能够加速企业自身成长并助力企业摆脱发展困境，从而更好地帮助企业解决产能过剩问题，提高产能利用率。第三，数字技术应用对国有企业产能利用率的提升作用不显著，对非国有企业的产能利用率具有显著的提升作用。第四，数字技术应用在非高科技企业组别中对产能利用率的提升效果更好。

企业内外部环境条件对数字技术应用的去产能效应具有调节作用。本书在理论层面论证了企业组织惯性和所处的市场环境、宏观经济环境及媒体环境对数字技术应用提升产能利用率的调节机制。本书认为，企业自身组织惯性会弱化数字技术应用对企业产能利用率的积极影响，其中组织惯性包括惯例刚性和资源刚性；企业所处地区的市场化程度越高，越有利于数字技术应用去产能效应的发挥；企业所处地区的宏观经济环境越好，越有利于数字技术应用去产能效应的发挥；媒体正面报道越多，可能会导致企业管理层过度自信，使企业决策更加偏离最优状态，不利于企业数字技术应用去产能效应的发挥。在实证分析方面，构建调节效应模型对企业组织惯性和外部环境的调节效应进行实证检验。检验结果表明，企业惯例刚性和资源刚性均弱化了数字技术应用对企业产能利用率的积极影响；市场分割降低了数字技术应用对企业产能利用率的提升作用；宏观经济环境强化了数字技术应用对企业产能利用率的积极影响；媒体正面报道弱化了数字技术应用对企业产能利用率的积极影响。

最后，本书根据在理论分析和实证分析中发现的问题提出了针对性的政策建议。本书发现了企业在数字技术应用与产能利用方面的诸多问题：中国制造业企业产能利用率水平波动往复，产能过剩问题仍然存在；数字技术应用对不同特性的制造业企业产能利用率具有异质性影响，不能使用“一刀切”的发展政策；数字技术应用的去产能效应存在改进的空间，制造业企业数字技术应用过程中缺乏对创新质量的重视。并以此提出相应的政策建议：一是协调推进数字技术应用与结构性去产能政策；二是分类推进制造业企业数字技术应用；三是发挥技术创新质量在数字技术应用提高产能利用率过程中的重要作用。

目　录

第一章　绪论 …… 1

第一节　研究背景与意义 …… 1

一、研究背景 …… 1

二、研究意义 …… 5

第二节　研究内容与研究方法 …… 7

一、研究目标 …… 7

二、研究内容 …… 8

三、研究方法与技术路线 …… 10

第三节　创新点与研究展望 …… 12

一、创新点 …… 12

二、研究展望 …… 14

第二章　概念界定、理论基础与文献综述 …… 15

第一节　概念界定 …… 16

一、产能利用率、产能过剩的概念 …… 16

二、企业数字技术应用、数字化转型概念 …… 19

第二节　理论基础 …… 20

一、产业组织理论 …… 20

二、产业发展理论 …… 23

三、技术进步理论 …… 24

第三节　文献综述 …… 26

一、文献检索分析 …… 26
二、产能利用率的相关研究 …… 29
三、数字技术应用的相关研究 …… 32
四、数字技术应用对产能利用率的影响研究 …… 35
五、文献评价 …… 36
第四节　本章小结 …… 38

第三章　数字技术应用影响制造业企业产能利用率的理论分析 …… 40

第一节　产业组织理论 SCP 范式应用以及理论模型构建 …… 41
一、产业组织理论 SCP 范式的应用 …… 41
二、内生增长理论模型的应用 …… 43
第二节　数字技术应用对制造业企业产能利用率的影响机制分析 …… 44
一、数字技术应用的投资改善机制分析 …… 44
二、数字技术应用的企业柔性机制分析 …… 46
三、数字技术应用的创新激励机制分析 …… 49
四、数字技术应用的人力资本机制分析 …… 51
第三节　数字技术应用影响制造业企业产能利用率的异质性分析 …… 53
一、基于企业融资约束的异质性分析 …… 53
二、基于企业所处生命周期的异质性分析 …… 55
三、基于企业所有权性质的异质性分析 …… 56
四、基于企业技术密集度的异质性分析 …… 57
第四节　企业内外部环境对数字技术应用去产能效应的调节机制 …… 59
一、企业组织惯性的调节机制分析 …… 59
二、市场环境的调节机制分析 …… 60
三、宏观经济环境的调节机制分析 …… 61
四、媒体环境的调节机制分析 …… 63
第五节　本章小结 …… 65

第四章　中国制造业企业数字技术应用与产能利用率的特征事实 …… 67

第一节　中国制造业企业数字技术应用的特征事实 …… 67
一、中国制造业企业数字技术应用的测度 …… 67

二、中国制造业企业数字技术应用的特征事实 …… 70
第二节 中国制造业企业产能利用率的特征事实 …… 79
一、中国制造业企业产能利用率的测度 …… 79
二、中国制造业企业产能利用率的特征事实 …… 80
第三节 数字技术应用对制造业企业提升产能利用率的影响 …… 89
一、中国制造业企业数字技术应用与产能利用率的基本关系 …… 89
二、数字技术应用对制造业企业提升产能利用率的积极作用 …… 90
第四节 本章小结 …… 92

第五章 数字技术应用对制造业企业产能利用率影响的实证分析 …… 93

第一节 研究设计 …… 93
一、模型构建和变量定义 …… 93
二、数据来源与描述性统计 …… 95
第二节 数字技术应用对企业产能利用率影响的实证检验 …… 96
一、基准回归分析 …… 96
二、分位数回归分析 …… 98
第三节 异质性检验 …… 100
一、基于企业融资约束的异质性检验 …… 100
二、基于企业所处生命周期的异质性检验 …… 102
三、基于企业所有权性质的异质性检验 …… 103
四、基于企业技术密集度的异质性检验 …… 105
第四节 内生性问题的处理 …… 106
一、Bartik 工具变量法 …… 107
二、多时点 DID 模型 …… 109
三、Heckman 两阶段模型 …… 111
第五节 稳健性检验 …… 113
一、缓解企业策略性信息披露行为 …… 113
二、替换被解释变量 …… 115
三、多维度控制遗漏变量 …… 117
四、子样本回归 …… 119
第六节 数字技术应用影响企业产能利用率的拓展性分析 …… 120

一、企业绩效分析 …… 120
二、行业溢出效应 …… 122
第七节　本章小结 …… 123

第六章　数字技术应用对制造业企业产能利用率的影响机制检验 …… 125

第一节　研究设计 …… 125
一、模型设定和变量定义 …… 125
二、数据来源与描述性统计 …… 127
第二节　数字技术应用的投资改善效应检验 …… 128
一、数字技术应用改善信息不对称 …… 129
二、数字技术应用缓解委托代理问题 …… 129
第三节　数字技术应用的企业柔性效应检验 …… 131
一、数字技术应用加速资产周转 …… 131
二、数字技术应用拓展销售范围 …… 131
三、数字技术应用提高管理效率 …… 132
第四节　数字技术应用的创新激励效应检验 …… 133
一、数字技术应用实现了企业创新的“增量” …… 134
二、数字技术应用与企业创新的“提质” …… 135
第五节　数字技术应用的人力资本效应检验 …… 139
一、数字技术应用与劳动力需求 …… 140
二、数字技术应用与劳动力结构 …… 142
第六节　本章小结 …… 143

第七章　企业内外部环境对数字技术应用去产能效应的调节机制检验 …… 145

第一节　研究设计 …… 145
一、模型设定和变量定义 …… 145
二、数据来源与描述性统计 …… 147
第二节　企业组织惯性的调节效应检验 …… 148
一、企业惯例刚性的调节效应检验 …… 148
二、企业资源刚性的调节效应检验 …… 149
第三节　企业外部环境的调节效应检验 …… 151

一、市场环境的调节效应检验 …………………………………………… 151
二、宏观经济环境的调节效应检验 ……………………………………… 153
三、媒体环境的调节效应检验 …………………………………………… 155
第四节 本章小结 …………………………………………………………… 156

第八章 研究结论与政策建议 ……………………………………………… 158

第一节 主要研究结论 ……………………………………………………… 158
一、数字技术应用对制造业企业产能利用率具有促进作用 …………… 158
二、数字技术应用通过四大影响机制提升制造业企业的产能利用率 ………………………………………………………… 159
三、数字技术应用对不同特性的制造业企业产能利用率具有异质性影响 ………………………………………………………… 160
四、企业内外部环境条件对数字技术应用的去产能效应具有调节作用 ………………………………………………………… 161
第二节 促进数字技术应用以提高制造业企业产能利用率的政策建议 ………………………………………………………… 162
一、协调推进数字技术应用与结构性去产能政策 ……………………… 162
二、分类推进制造业企业数字技术应用 ………………………………… 163
三、重视技术创新质量提升在数字技术应用去产能效应中的重要作用 ………………………………………………………… 164

参考文献 …………………………………………………………………… 166

后记 ………………………………………………………………………… 192

第一章　绪论

第一节　研究背景与意义

一、研究背景

（一）数字技术在引领企业高质量发展、推动产业转型升级、实现经济高质量发展方面具有重要作用

随着新一代信息技术的不断发展，人工智能、大数据、云计算、区块链等数字技术正以前所未有的广度和深度嵌入产品生产与服务过程中（温湖炜和王圣云，2022），日益成为中国制造业企业高质量发展、制造业转型升级的新动能。近年来，全球经济增速放缓、循环受阻，飞速发展的数字技术被视为推动世界经济发展的新引擎（Singhal 等，2018）。数字技术是数字经济发展的核心驱动力，数字技术的应用催生了新产业、新业态和新模式，深度赋能产业转型升级，重塑了产业核心竞争力。数字技术的应用在优化产业结构、重组产业竞争格局以及提升产业发展质量方面意义重大，有助于世界经济数字化转型和高质量发展（肖旭和戚聿东，2019；李晓华，2019）。对于德国“工业 4.0”、美国“工业互联网”，大数据都是极其重要的战略资源，被誉为“新时代的石油”，数字技术为制造业转型升级、提质增效和经济的可持续发展提供了新动能。数字技术是新一轮产业变革的核心驱动力，具有高技术性、高成长性、平台型、跨时空传播、数据创造、数据共享等特性，有效破除了经济发展要素的供需矛盾。

数字技术有助于企业提高生产效率和质量。通过数字化的生产流程和自动化系统，企业可以实现更高效的生产，减少人为错误和资源浪费。例如，利用物联网技术可以实现设备的远程监控，及时发现和解决潜在问题，提高设备的利用率和企业效益。通过人工智能技术可以进行数据分析和预测，帮助企业做出更准确的生产决策，并优化供应链管理，提升交付效率和客户满意度。数字技术可以推动产业转型升级。随着数字技术的快速发展，不同行业都面临巨大的变革机遇。通过数字化改造，企业可以更好地适应市场需求和消费者的个性化要求。传统制造业可以借助数字技术实现智能制造，提高生产的灵活性，提升产品质量。通过数字化的创新和服务模式，企业能够提升竞争力，推动产业结构调整，实现转型升级。数字技术对于实现经济高质量发展至关重要。通过数字化的信息流通和交易方式，可以降低交易成本、增加交易安全性，并推动数字经济的快速发展。数字技术还可以加强政府与企业之间的信息沟通，提高政府的监管能力，提高治理效率和公共服务水平。

中国高度重视数字经济的发展，并将其作为推动经济转型升级、实现高质量发展的重要途径之一。习近平总书记多次强调，要抢抓数字经济发展机遇，推进数字产业化和产业数字化，推动数字经济与实体经济深度融合。数字经济既是新的经济增长点，也是对传统产业进行改造和升级的支点。中国政府出台了一系列政策措施，促进数字技术在经济各领域的广泛应用，如《新一代人工智能发展规划》明确了人工智能的发展方向和目标；“互联网+”行动计划鼓励数字技术与传统产业的融合创新等。2020 年突如其来的新冠疫情严重冲击了全球的经济体系，数字技术凭借其技术优势在推动产业复工复产中加速了实体经济的数字化转型。2021 年中国信息通信研究院发布的《中国数字经济发展白皮书》指出，中国数字经济在疫情中逆势崛起，增速达到 9.7%，位居世界第一，远高于同期 GDP 名义增速，有效稳定了疫情冲击下的中国经济下行趋势。相较于依赖物理空间的传统线下经济，依托于互联网和数据空间的优势，数字经济具有广阔的应用前景和巨大的发展潜力。数字经济已成为中国当前最具活力、最具创新力、辐射范围最广的一种经济形态。数字经济规模持续攀升，已成为国民经济中最为核心的增长极之一，中国经济的高质量发展迫切需要数字经济的引领。

（二）制造业是立国之本、兴国之器、强国之基，以数字技术推动制造业高质量发展，从而实现中国经济高质量发展

制造业在国民经济中具有重要的战略地位，然而，中国制造业的资源投入存

在着与生产率之间的逆向博弈，在企业外部则面临着发达国家的再制造业化和发展中国家同类竞争的“双向挤压”（谢康等，2018）。数字技术能够赋能制造业转型升级，提升制造业数字化、智能化水平，引领制造业高质量发展。如何推动数字技术与制造业深度结合，通过数字技术应用实现制造业技术创新和转型升级成为中国当前亟须解决的问题。近年来，世界先进国家相继制定了再制造业化战略，应用数字技术引领制造业高质量发展，抢占国际竞争的制高点。

数字技术的应用助力制造业产业链组织形态变革，重塑制造业产业链价值分配形态。制造业产业链上的价值分配在上游的研发设计和下游的销售服务环节较高，产业链中端的生产环节较低，呈现“微笑曲线”式形态。人工智能、大数据、云计算、区块链等数字技术的应用，全面提升了制造业产业链生产效率和价值创造空间。处于产业链中端的组装制造环节因其生产作业流程或方式具有标准化的特点，生产率提高幅度和价值增量要大于产业链两端的研发设计与销售服务环节。产业链各环节间的价值分配差距逐渐缩小，从而使产业链价值分配曲线趋于平缓。同时，由于数字平台有资源配置优化与功能集成的作用，产业链各环节内部的竞争企业将趋向于围绕环节内核心企业或数字经济平台形成具有协同效应的利益共同体，强竞争关系转向新型竞合关系，在一定程度上促进了产业价值链的升级。

制造业作为国民经济的主体，是立国之本、兴国之器、强国之基。从国际形势来看，发达国家高端制造业回流和发展中国家中低端制造业分流，对中国制造业企业形成了“双向挤压”。国际局势日益复杂，对先进技术的引进受到越来越多的制约，依靠引进、消化、再创新的方式难以取得技术上的突破。从国内形势来看，党的二十大报告指出，要加快建设制造强国、质量强国，推动制造业高端化、智能化发展。推动制造业的高质量发展有助于中国实现经济高质量发展、提升国际竞争力。

制造业是中国实现工业化和现代化的重要阵地，也是衡量一国经济发展水平和国际竞争力的关键领域。中国制造业在经历了几十年的高速发展后，已形成门类齐全、独立完整的体系，发展规模、创新能力和产品质量都有了显著提高。但同时，中国制造业发展水平和世界先进国家的差距不容忽视。中国制造业发展质量尽管有所提升，但整体水平仍有待提高，具备国际影响力的高质量制造品牌较为匮乏。在新一轮科技革命和产业变革推动下，制造业企业的发展呈现高端化、智能化、绿色化和服务化的特点。为了适应国内外环境的转变，顺应产业发展的内在规律，实现中国经济的高质量发展，中国制造业企业应及时抢占高端制造的战略高地，缩小与国际先进水平的差距，否则将被困于国际产业价值链的中低端，失去发展的主动权。为了应对新的技术挑战，各国提出了“回归制造业”或“再工业化”的战略，目的是在信息技术背景下，增强制造业的竞争优势，调整不平衡的产业结构，占据国际制造业的制高点。越来越多的制造业企业开始意识到企业数字化是大势所趋。要提升企业核心竞争力，必须大力推进数字化转型和智能制造建设，实现生产方式和组织方式的变革，真正帮助企业降本增效。

（三）产能过剩问题成为羁绊中国经济发展的深层次难题，企业提高产能利用率不仅是推动企业高质量发展的重点环节，也是提高经济韧性的关键所在

自改革开放以来，中国经济实现了飞速发展，制造业的快速发展带动了国民经济的繁荣。然而产能过剩一直是普遍问题，尤其是在中国进入经济新常态之后（余淼杰和金洋，2018）。产能过剩制约了产业发展和产业结构升级，集中反映出中国经济发展方式粗放、体制机制不健全的问题。产能过剩造成企业的设备闲置、资源的浪费，降低了企业效益，导致工人失业，降低了社会福利。同时，产能过剩使行业减少了创新投入，资源配置不合理，最终表现为企业生产无效率、行业缺乏竞争力，严重制约中国经济的高质量发展。

现阶段，中国经济发展面临“增长放缓”和“转型升级”的双重压力。国际环境日趋复杂，不稳定性、不确定性日益增加，经济全球化遭遇逆流，世界进入动荡变革期（杨宏力，2023）。产能过剩已成为中国目前经济发展中亟待解决的问题，引起了中国政府的高度重视。2015 年，中国政府提出了以去产能、去库存、去杠杆、降成本、补短板为主要内容的供给侧结构性改革，去产能居首位。党的十九大报告提出，深化供给侧结构性改革，需要引导大数据、人工智能、互联网与实体经济的深度融合。中国共产党第十九届五中全会指出，要加快构建以国内大循环为主体、国内国际双循环相互促进的新发展格局。实现经济循环流转和产业关联畅通、提高供给满足需求的能力是构建新发展格局的关键。产能过剩是阻碍国民经济循环的堵点，是困扰经济运行的痼疾，是亟待解决的重要经济问题（徐业坤和马光源，2019；付东和钱爱民，2022）。

企业作为产能扩张的微观主体，提高产能利用率既是提升企业综合竞争力以及推动企业高质量发展的关键环节，同时也是优化社会资源配置、提高经济韧性的重要手段（卞元超和白俊红，2021）。企业的产能利用率高意味着企业能够更有效地利用现有生产设备和员工潜力，最大限度地发挥资源的作用，提高生产效率和质量。这不仅可以降低成本，增加企业利润，还可以增强企业竞争力，赢得市场份额，实现可持续发展。在制造业中，优化生产流程、应用智能制造技术、

提高供应链的协同效率等都是提高产能利用率的重要手段。通过这些举措，企业可以有效缓解产能过剩问题，实现高质量发展。企业是经济的重要参与者，企业的正常运行和发展对经济的运行有着重要影响，所以企业的高质量发展对经济的高质量发展也有着重要影响（逯苗苗和宿玉海，2021）。当经济面临压力和不确定性时，过剩产能可能导致无序竞争、价格下跌、盈利下降等一系列问题，甚至可能引发金融风险和社会问题。提高产能利用率可以使资源配置更加高效，减少资源浪费和损失，提高企业抗风险能力和快速适应市场的能力。

中国经济在近几十年发展迅猛，各个行业都经历了不同程度的扩张和建设。这使一些行业产生了产能过剩的现象，导致资源浪费和经济效益下降。近年来，中国各级政府不断深化供给侧结构性改革，将去产能作为实现经济高质量发展的重要任务之一。产能过剩现象反映了资源的非效率配置，去产能虽然是一个宏观命题，但产能的形成源于企业的微观行为，因为产能的构建、使用和处置均是企业进行资源配置的结果（刘斌和赖洁基，2021）。目前，中国企业落后产能“淘而不汰”、过剩产能“久调不决”等问题仍然突出（朱希伟等，2017），成为制约中国经济发展的深层次难题（包群等，2017）。

因此，在上述背景下，探究数字技术应用对中国制造业企业产能利用率的影响、探索优化制造业企业产能决策的路径是一项值得关注的重要议题。

二、研究意义

本书研究的理论意义在于丰富了数字技术应用和产能利用率的研究，完善了有关数字技术应用对企业产能利用率影响的研究，补充了数字经济时代制造业高质量发展背景下产业组织理论、产业发展理论和技术进步理论的内容。本书研究的现实意义在于使人们加深了对数字技术应用和产能过剩的认识，探究了数字技术应用对产能利用率的影响，为实现企业高质量发展、制造业转型升级以及经济的高质量发展提供了决策依据。

（一）理论意义

第一，从理论上分析数字技术应用对企业产能利用率的影响，应用了产业组织理论 SCP 范式以及内生增长模型。在当前的市场结构（S）下，尚未充分响应国家去产能的政策导向以及经济高质量发展的迫切要求。因此，企业积极应用数字技术（C）来转变其原本粗放的生产经营模式，这种转变有助于产能利用率的显著提升，进而优化了企业绩效（P）。此外，本书还借助内生增长模型，将数字技术应用作为一个重要的变量纳入考量。通过这一模型，从理论上得出了数字技术应用能够有效推动企业提升产能利用率的结论。该分析框架不仅揭示了数字技术应用对企业产能利用率的积极影响，也为理解数字技术与产业发展之间的内在联系提供了新的视角。

第二，探究了数字技术应用对企业产能利用率的影响机制，从投资改善机制、企业柔性机制、创新激励机制及人力资本机制角度分析了数字技术应用影响企业产能利用率的机理。投资改善机制是指数字技术应用改善了企业和市场的信息不对称，并且缓解了企业股东和管理层的委托代理问题，提高了投资效率，进而提升了企业的产能利用率。企业柔性机制是指数字技术应用通过缩短生产和设计周期、拓展销售范围、提升管理效率来提高企业柔性，增强企业面对外部环境冲击时的反应和调整能力，进而提高企业产能利用率。创新激励机制是指数字技术应用能够促进企业创新的“增量提质”，从而提高企业产能利用率。人力资本机制是指企业数字技术应用的劳动力“替代”和劳动力“互补”效应影响企业的劳动力需求和劳动力结构，可以提升企业人力资本水平，从而提高企业产能利用率。

第三，基于企业融资约束、所处生命周期、所有权性质及技术密集度的不同进行了异质性分析，并探讨了企业内外部环境条件对数字技术应用去产能效应的调节机制。企业在应用数字技术去产能时，其成效受到多种因素的影响。融资约束较低的企业在应用数字技术去产能方面表现得尤为出色，数字技术应用在不同生命周期阶段的企业中也表现出显著的异质性。此外，值得注意的是，与国有企业相比，非国有企业在应用数字技术提升产能利用率方面显示出更好的效果。同时，技术密集度的差异也会导致数字技术应用在提升产能利用率上的效果存在差异。企业自身组织惯性会削弱数字技术对其产能利用率的正面影响。同时，企业所处地区的市场化程度越高、宏观经济环境越好，数字技术就更能发挥其去产能的效用。然而，过多的媒体正面报道可能会让企业管理层过于自信，导致决策失误，进而影响数字技术去产能的效果。

（二）现实意义

第一，测度与评价了中国制造业企业的数字技术应用水平，为新发展阶段推动企业应用数字技术进行战略转型、实现高质量发展提供依据。本书采用学术界主流的基于机器学习的文本分析法测算了中国制造业企业数字技术应用水平，在企业数字技术应用的结构化分层中，区分了“底层技术应用”与“技术实践应用”两个层面。并综合采用数字技术专利指标以及与数字技术应用有关的无形资产占比指标进行验证。为了缓解上市公司的策略性信息披露问题，本书通过控制会计信息质量、信息披露质量等方式进行缓解。本书的研究使读者加深了对制造业企业数字技术应用的认识，发现了制造业企业数字技术应用过程存在的问题，对推动制造业企业高质量发展具有现实意义。

第二，测度与评价了中国制造业企业的产能利用率水平，为经济高质量发展背景下企业化解过剩产能、提高资源配置效率提供决策参考。本书借鉴 Aretz 和 Pope（2018）的方法，通过改进的随机前沿模型以企业现有产能与最优产能的差异来计算中国制造业企业产能利用率。该方法基于能够较好评价最优产能的随机前沿模型法，且对产能的影响因素考虑得更加全面，其产能过剩非负的假定也符合中国制造业企业的产能利用事实。本书的研究使读者加深了对中国制造业企业产能过剩问题的认识，对产能过剩问题的治理具有现实意义。

第三，检验了数字技术应用的去产能效应，为产能过剩的治理提供微观视角的新思路与经验证据。面对世界范围内工业化与数字化深度融合的新趋势，如何有效发挥数字经济政策与去产能政策的协同效应，为数字化研究与产能过剩治理研究提出了新的时代课题。现有研究鲜有探讨数字技术应用的去产能效应，本书厘清了数字技术应用与去产能在供给侧结构性改革背景下的内在逻辑，通过实证模型检验了数字技术应用的去产能效应，发现了其中存在的问题，为数字经济研究与产能过剩问题的治理提供了新的研究思路，也为政府协调推进数字经济发展与产能过剩的治理提供了政策启示。

第二节 研究内容与研究方法

一、研究目标

第一，科学测度中国制造业企业数字技术应用水平与产能过剩情况。人工智能、大数据、云计算等数字技术在企业改进生产流程、提质增效方面作用巨大，日益受到企业的重视。但同时企业应用数字技术进行战略转型也存在一些问题，如何科学测度数字技术应用水平显得越发重要。现阶段，中国经济发展面临“增长放缓”和“转型升级”的双重压力，去产能作为供给侧结构性改革五大任务之首，重要性不言而喻。因此，需要科学测度中国制造业企业产能利用情况，为制造业产能过剩问题的治理提供微观解决思路，实现制造业的高质量发展。

第二，构建理论研究框架，探究数字技术应用影响制造业企业产能利用率的理论机制。学者围绕数字技术应用展开了大量研究，主要集中在数字技术应用提高企业财务绩效、影响企业行为、改善公司治理等方面，鲜有探讨数字技术应用影响企业产能利用率的研究。本书的重点是以产业组织理论、产业发展理论及技术进步理论为支撑，将数字技术应用与产能利用率纳入产业组织理论 SCP 范式以及内生增长模型中进行分析，探究数字技术应用影响制造业企业产能利用率的理论机制，分析数字技术应用去产能的异质性理论以及内外部作用条件。

第三，建立计量模型，实证检验数字技术应用对制造业企业产能利用率的影响。在本书构建的数字技术应用影响制造业企业产能利用率理论框架的基础上，通过建立计量模型对理论观点进行实证检验。首先，验证数字技术是否可以提升制造业企业的产能利用率，不同结构层级的数字技术应用对产能利用率的影响程度如何。其次，验证数字技术应用对制造业企业产能利用率的影响机制，检验数字技术应用影响制造业企业产能利用率的异质性，验证企业内外部环境条件对数字技术应用去产能效应的调节机制。

二、研究内容

本书以制造业企业为研究对象，以数字技术应用对制造业企业产能利用率的影响为主要研究内容，以实现企业高质量发展为研究目的。具体地，本书以产业组织理论、产业发展理论及技术进步理论为支撑，力图从理论上探索数字技术应用影响制造业企业产能利用率的机理。同时建立了计量模型，检验了数字技术应用对中国制造业企业产能利用率的影响，重点分析了数字技术应用是否具有提升制造业企业产能利用率的作用、数字技术应用通过哪种机制提升制造业企业产能利用率、数字技术应用的去产能效应是否具有异质性、企业内外部环境条件对数字技术应用的去产能效应是否具有调节机制等问题。希望能为政府更好地制定和实施数字技术应用政策和产能过剩治理政策，从而推动企业更好地应用数字技术提升产能利用率、实现制造业的高质量发展提供决策参考。

本书的章节安排如下：

第一章是绪论。包括本书的研究背景与研究意义、研究目标与研究内容、研究方法与技术路线、创新点与研究展望。

第二章是概念界定、理论基础与文献综述。首先是产能利用率、产能过剩、数字技术应用、数字化转型的概念界定；其次是数字技术应用影响制造业企业产能利用率的理论基础，明确本书研究的理论支点。文献综述部分对相关研究的中英文文献进行了统计分析，分别梳理了产能利用率的相关研究、数字技术应用的相关研究、数字技术应用对产能利用率的影响研究，并对现有研究进行评价。

第三章是数字技术应用影响制造业企业产能利用率的理论分析。首先，构建了数字技术应用影响制造业企业产能利用率的理论框架，应用了产业组织理论SCP范式，将数字技术应用和产能利用率纳入SCP范式中进行分析，并将数字技术应用纳入内生增长模型中。其次，从投资改善机制、企业柔性机制、创新激励机制及人力资本机制角度分析了数字技术应用对制造业企业产能利用率的影响机制。再次，基于企业融资约束、所处生命周期、所有权性质以及技术密集度的不同进行了数字技术应用去产能效应的异质性分析。最后，分析了企业所处的内外部环境条件对数字技术应用去产能效应的调节机制。

第四章是中国制造业企业数字技术应用与产能利用率的特征事实。首先对中国制造业企业数字技术应用水平进行测度，描述了中国制造业企业数字技术应用的特征事实。其次对中国制造业企业产能利用率进行测算，描述了中国制造业企业产能利用率的特征事实。最后从中国制造业企业数字技术应用与产能利用率的特征事实出发，分析数字技术应用对制造业企业提升产能利用率的重要意义。

第五章是数字技术应用对制造业企业产能利用率影响的实证分析。首先构建基准回归模型检验数字技术应用对制造业企业产能利用率的影响。然后根据企业的融资约束、所处生命周期、所有权性质以及技术密集度等因素讨论了基准回归模型结论的异质性。针对可能存在的内生性问题，使用Bartik工具变量、多时点DID模型及Heckman两阶段模型进行检验与修正。并且采用缓解企业策略性信息披露行为、替换被解释变量、多维度控制遗漏变量及子样本回归这一系列稳健性检验验证基准回归结果的可靠性。

第六章是数字技术应用对制造业企业产能利用率的影响机制检验。本章构建了机制检验模型，分别从投资改善机制、企业柔性机制、创新激励机制及人力资本机制方面实证检验了数字技术应用对制造业企业产能利用率的影响机制。

第七章是企业内外部环境对数字技术应用去产能效应的调节机制检验。企业的组织惯性和所处的市场环境、宏观经济环境及媒体环境会影响企业数字技术应用的效果。本章通过构建调节效应模型实证检验了企业惯例刚性、资源刚性、市场环境、宏观经济环境及媒体环境对数字技术应用去产能效应的调节机制。

第八章是研究结论与政策建议。本章从理论和实证两方面总结了本书的主要研究结论，最终提出相应的政策建议。

三、研究方法与技术路线

本书将规范研究与实证研究相结合，采取定性分析与定量研究的方法，综合采用统计分析法与归纳法、随机前沿分析法、计量回归分析法、文本分析法、机器学习等方法展开研究。本书的整体研究思路为：第一，通过绪论、相关概念界定、理论基础分析以及文献综述提出研究问题；第二，通过理论基础和文献综述的梳理，提出理论分析框架（见图 1-1）；第三，对中国制造业企业数字技术应用与产能利用率的特征事实进行描述；第四，实证检验数字技术应用对制造业企业产能利用率的影响；第五，实证检验数字技术应用对制造业企业产能利用率的

企业融资约束
企业所有权性质
企业所处生命周期
企业技术密集度
异质性分析
数字技术应用
底层技术应用
人工智能技术
大数据技术
云计算技术
区块链技术
技术实践应用
智能制造
现代信息系统
互联网商业模式
理论分析
产业组织理论SCP范式
内生增长模型的应用
影响机制
投资改善机制
企业柔性机制
创新激励机制
人力资本机制
制造业企业产能利用率
内部环境
惯例刚性
资源刚性
外部环境
市场环境
宏观经济环境
媒体环境
调节机制

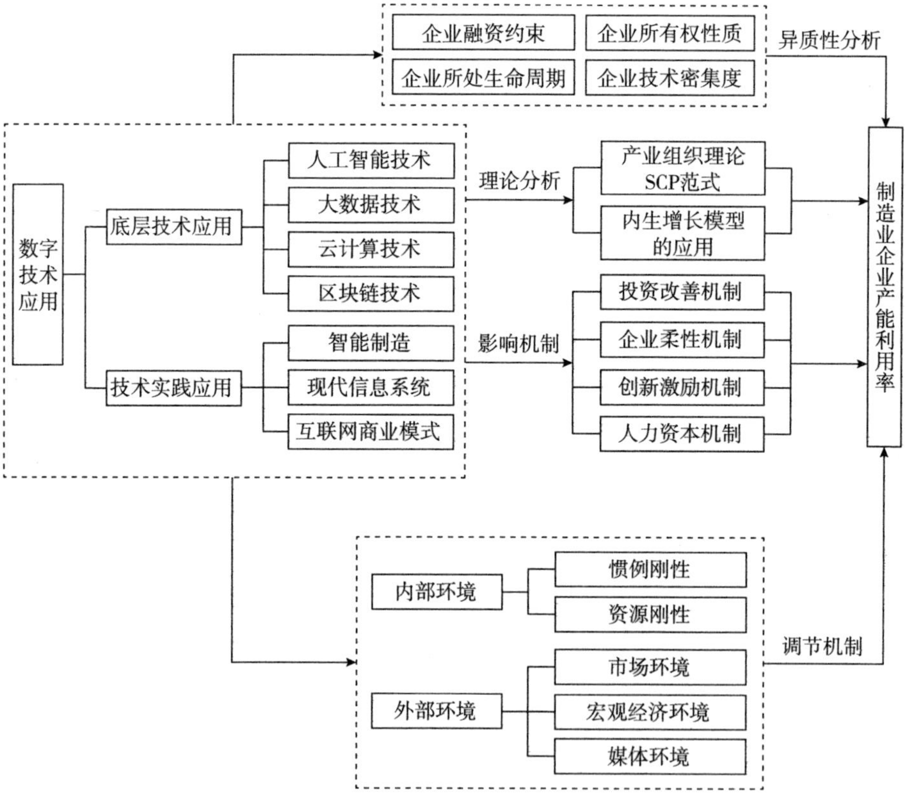

图 1-1　理论分析框架

影响机制；第六，实证检验企业组织惯性和外部环境对企业产能利用率影响的调节机制；第七，在理论分析和实证分析的基础之上，发现制造业企业数字技术应用和产能利用存在的问题，提出相应的政策建议。技术路线如图 1-2 所示。

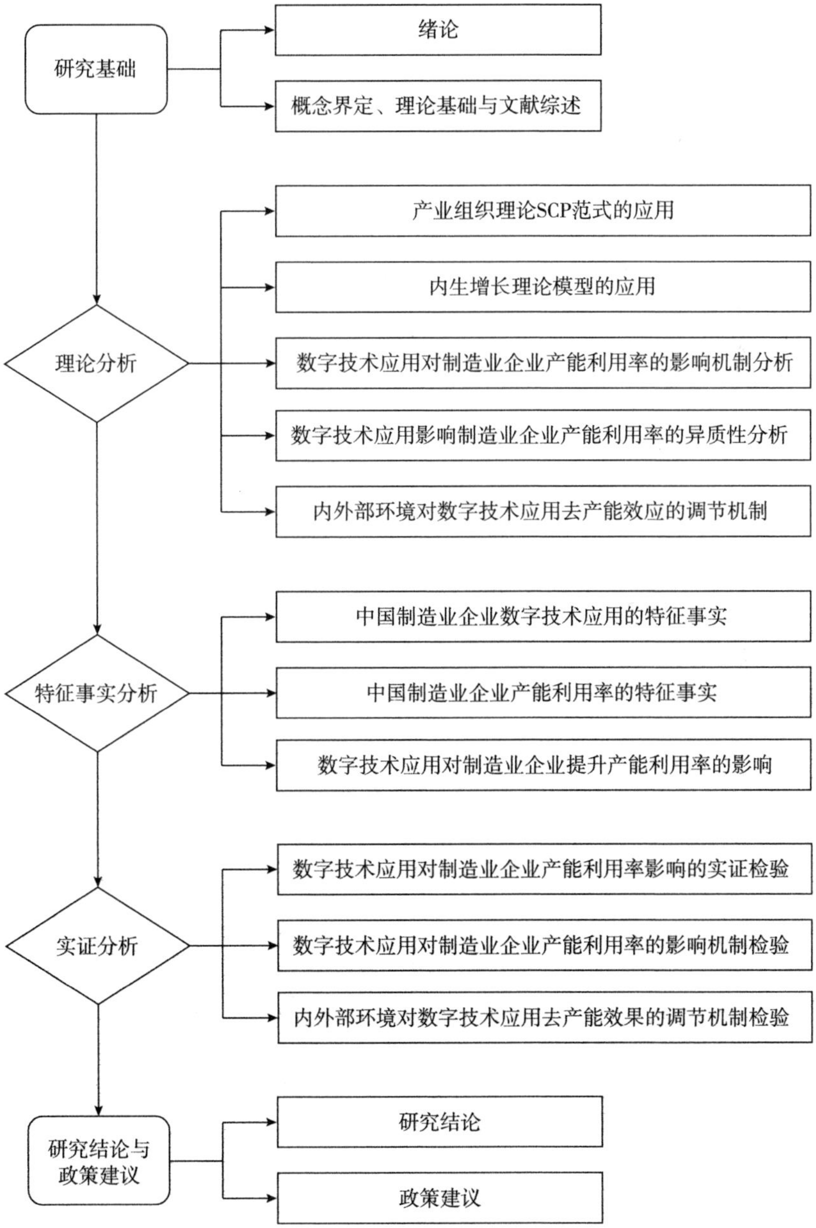

研究基础
- 绪论
- 概念界定、理论基础与文献综述

理论分析
- 产业组织理论SCP范式的应用
- 内生增长理论模型的应用
- 数字技术应用对制造业企业产能利用率的影响机制分析
- 数字技术应用影响制造业企业产能利用率的异质性分析
- 内外部环境对数字技术应用去产能效应的调节机制

特征事实分析
- 中国制造业企业数字技术应用的特征事实
- 中国制造业企业产能利用率的特征事实
- 数字技术应用对制造业企业提升产能利用率的影响

实证分析
- 数字技术应用对制造业企业产能利用率影响的实证检验
- 数字技术应用对制造业企业产能利用率的影响机制检验
- 内外部环境对数字技术应用去产能效果的调节机制检验

研究结论与政策建议
- 研究结论
- 政策建议

图 1-2 技术路线

第三节　创新点与研究展望

一、创新点

第一，将数字技术应用和产能利用率纳入产业组织理论“结构—行为—绩效”SCP 范式中进行分析，并应用内生增长模型推导出数字技术应用可以提升企业产能利用率的理论观点。既有文献主要研究了以下内容：数字技术应用对企业经济效率或财务绩效的影响；数字技术应用影响企业行为，主要表现在数字技术应用促进了企业创新、推动了企业服务化转型、提升了企业出口竞争力并推动了企业绿色发展；数字技术应用改善公司治理，其主要内容包括降低信息不对称、缓解委托代理问题、降低公司治理成本、改进组织结构、创新商业模式。鲜有文献研究数字技术应用对企业产能利用率的影响。本书应用产业组织理论 SCP 范式，通过将数字技术应用和产能利用率纳入 SCP 范式中进行分析：现有的市场结构（S）不能满足国家去产能的政策导向和经济高质量发展的现实需求，企业通过数字技术应用行为（C）改变原有粗放式的生产经营模式，实现产能利用率的提高，提升企业绩效（P）。并将数字技术应用加入 Romer（1990）提出的内生增长模型中，推导出数字技术应用可以提升企业产能利用率。补充了有关数字技术应用与企业产能利用率内容的研究。

第二，深入探索了数字技术应用对制造业企业产能利用率的影响机制，从投资改善机制、企业柔性机制、创新激励机制及人力资本机制方面探究了数字技术应用对企业产能利用率的影响机理。其中投资改善机制是指，企业应用数字技术增加了企业预测准确性，改善了信息环境，有助于管理层的理性决策，提高了投资准确性，进而提高了产能利用率：企业应用数字技术可以有效地解决企业内部和外部信息不对称问题，提高投资效率，从而提升产能利用率；企业应用数字技术缓解了委托代理问题，提高了投资效率，进而提升产能利用率。企业柔性机制是指企业应用数字技术提高了企业柔性，在面对需求冲击时，企业可以快速反应和调整，进而提升产能利用率；企业应用数字技术通过缩短生产和设计周期、拓展销售范围、提高管理效率，提高了企业柔性，从而提升了产能利用率。从创新的数量与质量两个方面来分析创新激励效应，总结出数字技术应用实现了企业创新“增量提质”的影响机制，但是由于企业的“双重套利”动机以及“同群效应”的存在，抑制了企业创新质量的提升。人力资本效应从劳动力需求和劳动力结构两个层面进行分析，总结出数字技术应用对劳动力需求和劳动力结构两个维度产生“双重互补作用”，从而发挥人力效应。

第三，根据制造业企业的不同特性进行了异质性研究，并探究了企业的内外部环境条件对数字技术应用去产能效应的调节机制。首先基于企业融资约束、所处生命周期、所有权性质、技术密集度的不同进行了异质性分析。本书认为，融资约束较低的企业应用数字技术去产能的效果更好。对处于不同生命周期阶段的企业来说，应用数字技术对其产能利用率的影响各不相同。相较于国有企业，非国有企业在利用数字技术提高产能利用率上表现更优。同时，技术密集度的差异也会导致数字技术在提升产能利用率上的效果有所不同。考虑到企业内外部环境条件不同，应用数字技术所产生的效果会存在差异，本书探究了企业组织惯性，企业所处的市场环境、宏观经济环境及媒体环境对数字技术应用去产能效应的调节机制。本书认为，企业自身的组织惯性，无论是惯例刚性还是资源刚性都会弱化数字技术应用对企业产能利用率的积极影响；企业所处地区的市场化程度会强化数字技术应用去产能效应的发挥；企业所处地区的宏观经济环境会强化数字技术应用对产能利用率的积极影响；过多的媒体正面报道可能会使企业管理层的自信过度，进而导致其决策偏离最优路径，这将对数字技术在去产能方面的作用产生不利影响。

第四，运用中国制造业企业数据对本书提出的一系列理论观点进行实证检验，得出研究结论并发现问题，进而提出促进数字技术应用以提高制造业企业产能利用率的政策建议。通过构建计量回归模型对理论观点进行检验，研究发现，数字技术应用对制造业企业产能利用率具有促进作用；数字技术应用通过投资改善机制、企业柔性机制、创新激励机制及人力资本机制提升了制造业企业的产能利用率；数字技术应用对不同特性的制造业企业产能利用率具有异质性影响；企业组织惯性和外部环境对数字技术应用的去产能效应具有调节作用。根据在理论分析、特征事实分析与实证分析中得出的结论，本书发现了企业在数字技术应用与产能利用率方面的诸多问题：中国制造业企业的产能利用率呈现出波动变化，产能过剩的难题仍未得到根本解决。数字技术在提升不同特性的制造业企业产能利用率方面效果不同，因此不能采取统一的发展政策来应对。同时，数字技术在去产能方面的作用还有待提升，特别是在制造业企业应用数字技术时，往往忽视了创新质量的重要性。针对这些问题，本书提出以下政策建议：首先，要协同推进数字技术的应用与结构性去产能政策；其次，应根据企业的具体特点，分类推进制造业企业的数字技术应用；最后，需要重视技术创新质量在数字技术应用提升产能利用率中的关键作用。

二、研究展望

现有研究对数字技术应用水平的测度方法并不统一，本书采用学术界主流的基于机器学习的文本分析法进行测度，使用该方法测度数字技术应用或者数字化转型的文章已经发表在《经济研究》《管理世界》《中国工业经济》等权威刊物，得到学术界的广泛认可，但该方法也不可避免地出现因为企业策略性信息披露导致的数字技术应用水平虚高的问题。本书虽然通过更换企业数字技术应用测算方法、控制企业会计信息质量、控制企业信息披露质量等一系列稳健性检验方法对企业的策略性信息披露问题进行缓解，但仍未完全解决该问题。未来可进一步对数字技术应用水平指标进行深入挖掘，以期找到更为科学合理的测度方法，从而更真实地反映中国制造业企业数字技术应用水平。

由于数据的可得性，本书以制造业上市公司为研究对象，具有一定的样本自选择问题。因为对于上市公司来讲，一般规模较大，实力较为雄厚，应用数字技术进行战略转型的动机较强，数字技术应用水平较高，可能会对本书的研究结论产生一定的影响。本书通过建立 Heckman 两阶段模型对样本自选择问题进行了处理，未来可进一步将非上市公司制造业企业纳入研究，从而更加全面地反映制造业企业数字技术应用情况的全貌。

第二章　概念界定、理论基础与文献综述

研究企业数字技术应用与产能利用率的关系需要从产业组织理论、产业发展理论及技术进步理论等理论基础开始论证。本章对产能利用率、产能过剩、企业数字技术应用及数字化转型的概念进行界定。首先理论基础部分介绍了传统产业组织理论，论述了数字技术应用是产业组织理论 SCP 框架中市场行为的重要表现形式、产能利用率是产业组织理论 SCP 框架中市场绩效的反映，并指出 SCP 范式下的市场失灵说和政府失灵说揭示了产能过剩的形成机理。其次是产业发展理论基础部分，指出企业应用数字技术推动了产能利用率的提升，助力企业实现高质量发展，从而带动产业的高质量发展。本书的研究对象是制造业企业，重点关注制造业的高质量发展。进入数字经济时代，制造业的高质量发展迎来新的契机，数字技术多角度赋能制造业高质量发展。最后是技术进步理论基础，技术进步理论包括内生增长和外生增长两个理论派别。外生增长理论认为技术进步源于经济系统的外部，而非经济活动内生的。内生增长理论认为技术进步源于行为主体的理性决策，内生于经济系统，本书应用内生增长理论探究数字技术应用对企业产能利用率的影响。

文献综述部分，笔者对国内外产能利用率的相关研究、数字技术应用的相关研究及数字技术应用对产能利用率影响的研究等相关主题文献进行了梳理，对本书的研究提供了重要参考与研究启发。第一，相关文献为本书深刻认识产能利用率的测度方法以及产能过剩的成因提供了重要参考。第二，相关文献为本书深刻认识数字技术应用的测度方法以及数字技术应用后果提供重要依据。第三，相关文献为本书研究数字技术应用对产能利用率的影响提供重要启发。对现有文献的评价能够帮助本书深入研究主题，厘清研究思路与创新点，进而完善现有研究的不足。

第一节　概念界定

一、产能利用率、产能过剩的概念

产能利用率是衡量产能过剩最直接、最常用的指标（徐业坤和马光源，2019），产能利用率低下直接反映了产能过剩（韩国高等，2011）。存在产能过剩时，企业生产设备的开工率低，生产潜能没有得到充分的利用，实际产量低于建设的产能①，企业存在生产能力的闲置、资源的浪费等问题，此时产能利用率较低（毛其淋和钟一鸣，2022）。产能利用率越低，说明产能过剩问题越严重，提高产能利用率也就是降低产能过剩，产能过剩水平可近似表述为 1-产能利用率（陈少凌等，2021）。因此，若要探索产能过剩问题的化解对策，研究如何提高企业的产能利用率更为直观且易于操作（钟春平和潘黎，2014）。

多数文献将产能利用率定义为企业或行业实际产出占潜在生产能力的比重，反映了经济主体所拥有的全部生产能力中真正发挥作用的比例。Nelson（1989）认为，产能利用率是实际产出与机器设备预先设置产出的比值。Kirkley 等（2002）指出，产能利用率是指观察到的实际产出与产能的比值，产能即潜在的生产能力。以上是从产出的角度对产能利用率进行界定，本质上衡量的是在当前产能水平下，实际产出与最优产出的差距，差距越小，产能利用率越高。Aretz 和 Pope（2018）在随机前沿模型的基础上提出了一种新的方法来估计产能过剩。基于产能过剩非负的前提，通过随机前沿模型将企业现有产能分解为最优产能项和产能过剩项。本书沿用该思路，使用企业已购置的固定资产作为现有产能，将最优产能指定为销售收入、运营成本、非运营成本、收益波动率、系统风险、无风险回报率及行业固定效应等的函数，以现有产能减去最优产能的部分作为产能过剩，进而用 1-产能过剩得到产能利用率。在经济运行过程中，产能利用率的高低是企业优化生产经营决策以及国家宏观经济调控的重要参考（孙庆慧和高敏

① 需要注意的是，要区分产能和产出的关系，产能是生产能力，用来衡量一个企业或者行业的潜在产出水平（何蕾，2015）。

雪，2021）。产能利用率的合理区间为79%~83%，超过90%被认定为产能不足，企业生产设备超负荷运行，低于79%表明存在产能过剩（江源，2006；汪进和尹兴中，2010；韩国高等，2011）。

产能利用率的影响因素主要分为外部因素和内部因素两个方面。外部因素包括国家政策、市场供求状况等。已有学者研究了产业政策、政府补贴、财税支持等对产能利用率的影响。产业政策促进了行业竞争，可以有效降低企业的资源错配，从而能提高产能利用率（王文等，2014）。政府对企业的过度补贴及财税支持，会在一定程度上扭曲企业的成本函数，使企业成本曲线最低点对应的产能利用率发生偏移，容易出现产能过剩问题（耿强等，2011；刘航和孙早，2014）。市场需求具有即时性、易变性的特点，并且很难被准确评估，而产能变化相对缓慢和滞后，产能变化和市场需求变化的不同步导致企业的过度投资（张新海，2010），过度投资直接造成了中国部分行业的产能过剩，产能利用率下降。内部因素包括新技术的引入、企业组织管理的改善等。在产能过剩的形成阶段，技术水平低下会影响企业的投资决策，容易产生过度投资，造成产能过剩。在产能过剩的治理阶段，技术水平落后不利于企业淘汰落后产能，并且企业竞争力低下，不利于过剩产能的释放（王立国和高越青，2012）。马轶群（2017）研究发现，技术进步可以有效化解制造业产能过剩，提升产能利用率。企业组织管理的改善可以显著缓解信息不对称，提高企业投资准确性，提升生产经营决策效率，从而缓解产能过剩（何小钢等，2021）。本书从新技术引入的角度探究数字技术应用对企业产能利用率的影响。

学术界对产能过剩的概念分为宏观、中观和微观三个层面。在宏观层面，产能过剩是指经济周期性波动中所出现的市场上产品生产能力远超有效需求的经济状态（李江涛，2006）。韩国高等（2011）指出，社会总需求不足使社会经济活动没达到正常产出水平，大量生产要素被闲置而不能得到充分的利用，最终形成产能过剩。刘航和孙早（2014）指出，生产能力的预先投入超过了市场均衡所需从而导致部分生产要素被闲置的现象为产能过剩。

在中观层面，产能过剩是一种行业产品过度供给或生产能力过剩的一种经济活动表现（Bain，1968）。窦彬和汤国生（2009）认为，产能过剩表现为某一行业的实际产出低于最优生产规模。卢锋（2010）指出，所谓产能过剩是指行业生产能力超过市场的实际有效需求，并且超过部分大于维持经济正常运行必需的闲置产能界限的现象。林毅夫（2007）指出，产能过剩是指在信息不完全和不对称的情况下，投资向某一行业过度集中产生“潮涌现象”造成产能利用率低下的现象。

在微观层面，产能过剩意味着企业形成一定的生产能力闲置（席鹏辉等，2017）。Chamberlin（1949）最早对产能过剩问题展开研究，认为产能过剩是在不完全竞争条件下出现的实际产出偏离“完全产能”的一种经济组织无效率状态。Kamien 和 Schwartz（1972）提出，在不完全竞争条件下，企业的生产设备利用率未达到平均生产成本最小化的利用率时，会形成产能过剩。徐齐利和范合君（2018）认为，产能过剩是指市场出清时，企业的均衡产出小于企业投资时决定的产能产出，主要反映为设备利用率较低，即企业的产能利用率较低。本书主要考察微观企业层面的产能过剩，故采用微观定义，当企业的实际产出小于产能产出时，企业会形成一定的生产能力过剩和资源的闲置，则认为企业存在产能过剩问题。

下面进行产能过剩的微观企业分析。在完全竞争市场中，企业是产品价格的接受者，面临的需求曲线（*D*）是一条水平线，向上倾斜的边际成本曲线（*LMC*）为企业的供给曲线（见图 2-1）。长期均衡时，完全竞争企业为了实现利润最大化，将产出（*Q*）定在边际成本（*LMC*）与产品价格（*P*）的交点所对应的产量处。此时，边际成本（*LMC*）= 平均成本（*LAC*）= 价格（*P*）= 边际收益（*MR*），产能产出即为 *LMC*、*LAC* 与 *P* 的交点对应的产出。故完全竞争企业在长期均衡时不存在产能过剩问题。

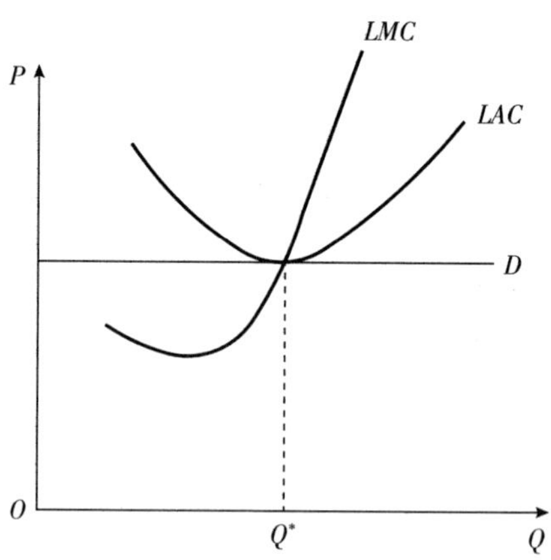

图 2-1 完全竞争企业的成本需求曲线

在不完全竞争市场中，以垄断竞争企业为例，垄断竞争企业面临的需求曲线为向下倾向的直线（*D*）（见图 2-2）。从长期来看，垄断竞争企业可以对其生产

规模进行调整，并且企业能够自由进入和退出。假设企业存在正利润，即企业的需求曲线位于平均成本曲线之上，大量企业会涌入，当市场需求规模不变时，单个企业占有的市场份额下降，在新的均衡实现之前，企业的价格和产量均会下降，直至不再有新企业进入，每个企业实现零经济利润均衡。此时平均成本曲线（*AC*）与需求曲线（*D*）相切于 *B* 点，对应的产出为 Y_B，企业出现了过剩的生产能力，即 Y^*-Y_B，Y^* 为企业平均成本曲线最低点对应的产出。

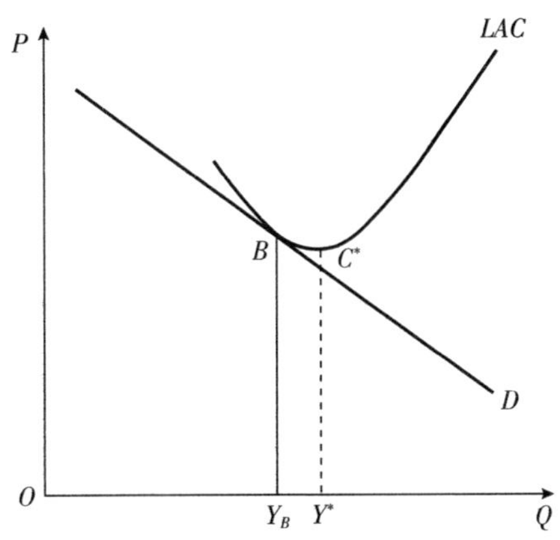

图 2-2 垄断竞争企业的成本需求曲线

二、企业数字技术应用、数字化转型概念

近年来，以人工智能、区块链、云计算、大数据为代表的“ABCD”数字技术获得快速发展（戚聿东和肖旭，2022），成为企业实现高质量发展的新引擎。数字技术是一种具有自生长性和融合性的通用技术，它可以实现产品的升级换代和突破行业界限的融合创新（Yoo 等，2012）。Nambisan（2017）指出，数字技术具有生成性、可编程性及可扩展性，通过与其他因素的结合，为其注入新功能，从而优化现有的创造价值途径或开辟新途径，并指出数字技术可以使产品的逻辑结构与实体功能相分离，进而实现以低成本、高速度扩展产品功能的目的。Briel 等（2018）指出，数字技术具有开放性、关联性等特点，认为数字技术可以与多个主体互联，有助于实现资源的持续集成、减少市场信息的不对称。

数字技术的颠覆性特征导致了企业的组织变革，并且企业要面对更加动荡、复杂和不稳定的环境（陈其齐等，2021），因此，企业数字化转型是一个动态过程。以 Westerman 等（2011）和 Valdez-de-Leon（2016）为代表的学者侧重于研究数字技术在企业中的具体作用，认为数字化转型是指将数字技术引入商业和社会环境中，最终为利益相关者提供改进产品的知识。Yeow 等（2018）指出，数字化转型的关键是将业务和信息技术融合，通过调整数字战略，平衡组织内部资源。Warner 和 Wager（2019）将数字化转型定义为使用数字技术来改善企业的经营状况，提高客户体验，简化运营，创造新的商业模式。Vial（2021）认为，企业数字化转型是一个旨在通过数字技术组合改变实体企业价值创造路径、保持其竞争力的过程。Verhoef 等（2021）将企业数字化转型的概念分为三个阶段，分别为：数据信息化的过程、利用数字技术改进业务流程的过程、利用数字化战略改变业务模式的过程。陈劲等（2019）指出，数字化转型不是简单的信息数字化，也不同于工作流程数字化，而是以实现业务数字化为目标，拓展新的市场竞争力。肖旭和戚聿东（2019）、肖静华（2020）认为，数字化转型是指通过数字技术来实现企业的转型，实现管理创新，进而提高企业的生产力。曾德麟等（2021）提出，数字化转型借助移动设备和云计算搭建数字平台，变革传统的技术路径和组织模式，推动企业转型。姚小涛等（2022）认为，数字化转型是利用信息技术推动组织变革。武常岐等（2022）认为，数字化转型本质上是对企业更深层次的重塑与再造，需要产业链、价值链、创新链的全方位配合与重构。

考虑到企业数字化转型是一个动态过程，企业数字化转型的各个阶段，其转型的任务和方式也不尽相同，对其进行衡量存在困难，故采用数字技术应用的表述。本书借鉴吴非等（2021）的研究，将数字技术应用定义为：企业应用人工智能、大数据、云计算、区块链等数字技术推动企业生产资料与生产过程的数字化，从而达到提质增效、实现企业高质量发展的目标。

第二节　理论基础

一、产业组织理论

（一）传统产业组织理论

产业组织理论主要研究产业内企业间的关系，揭示企业间关系变化的规律

（简新华和杨艳琳，2009）。传统产业组织理论的研究经历了从 SCP（结构—行为—绩效）分析框架到强调信息不完全下厂商之间博弈策略和行为的博弈论研究范式，研究方法则由静态分析逐渐向推理演绎转变（陈晓红等，2022）。SCP 分析范式是产业组织理论的重要组成部分，分析框架为：市场供求环境形成市场结构，市场结构制约企业的市场行为，市场行为决定市场绩效。

20 世纪 60 年代以来，第二代产业组织理论在不放弃 SCP 分析框架的前提下，发展了第一代产业组织理论，主要体现在：在研究框架上改变了单向、静态的研究模式，着重于研究企业行为如何影响市场结构，以及市场绩效如何影响企业行为进而影响市场结构。在理论基础上，广泛吸取了现代微观经济学的新进展。芝加哥学派主张自由市场，抵制政府的干涉。新制度学派着重于研究企业的所有权和组织结构的变迁。新奥地利学派把竞争视为一个动态过程。第二代产业组织理论中，交易费用理论、产权理论、委托—代理理论等已成为企业行为理论的重要组成部分。通过引入交易费用理论，阐明了组织的效率来源于节省的交易费用，引入产权理论解释了产权配置的失误导致了市场资源配置的非效率，引入委托—代理理论分析了两权分离对企业结构的影响（李悦，1998）。在研究方法上，从静态分析逐渐向推理演绎变革。产业的竞争状况取决于具体的产业结构，然后从静态截面分析企业行为，再研究其对企业绩效的影响。第二代产业组织理论指出了静态分析方法的局限性，并将研究重点转向企业行为。

（二）产业组织理论的应用

企业应用数字技术是一种非价格行为，其本质上是一种企业的产品差异化战略。研究与开发（R&D）及产品营销是企业最基本的两种非价格行为（简新华和杨艳琳，2009）。本书研究的企业数字技术应用行为相比企业 R&D 行为是一种拓展，补充了数字经济时代下企业的非价格行为。企业市场行为受制于市场结构，同时，市场行为又会反作用于市场结构，影响市场结构的特征和状况，并直接影响市场绩效。企业应用数字技术对原有的要素投入型的生产模式进行变革，能改善企业资源配置效率，消化过剩产能，产能利用率得到提高。企业应用数字技术在市场层面也产生了颠覆性影响，如导致市场搜索成本大幅下降，使企业能够以前所未有的规模来实施价格歧视等策略性行为（巴苏和考希克，2021）。

企业产能利用率是企业绩效的体现，企业绩效是产业绩效的基础。在一般的产业组织理论 SCP 研究框架中，市场绩效是指在一定市场结构中，企业采取一定的市场行为使某一产业在价格、成本、产量、效益、质量和技术进步等方面取得的经济效果（王俊豪，2012）。对市场绩效的衡量主要从资源配置效率、产业的规模结构效率、技术进步等角度展开。本书研究的产能利用率作为企业资源配置效率的一种体现，企业的产能利用率高表明企业内的各类资源要素得到较为充分的利用，资源配置效率高。本书衡量的产能利用率不仅考虑了固定资产、流动资产等生产环节，还考虑了销售环节、宏观经济环境及行业的异质性等，是对原有资源配置效率的补充和深化。企业以提高绩效为目标改变发展方式，加大数字技术应用，优化各类生产要素资源配置，提升企业产能利用率，符合经济新常态背景下企业高质量发展的目标导向。

（三）产能过剩成因理论

产业组织 SCP 框架下的市场失灵说和政府失灵说揭示了产能过剩的成因机制（徐齐利和范合君，2018）。在产业组织理论范围内对产能过剩的成因进行探讨，最早出现在国外学者的研究中（Chamberlin，1949；Barzel，1970），重点分析了企业的策略性行为如何造成产能过剩，讨论了产能过剩的市场机制。Dixit（1980）、Bulow 等（1985）、Driver（2000）认为，保有一定的过剩产能是在位企业保护市场份额以此阻止潜在进入者的策略性行为。国内关于产能过剩的成因分为市场失灵说和政府失灵说，其中政府失灵说作为产业组织 SCP 研究范畴的重要组成部分，兴起于中国（徐齐利和范合君，2018）。

产能过剩理论主要隶属于产业组织理论，故揭示产能过剩的形成机理当属产业组织理论 SCP 研究范式（徐齐利和范合君，2018）。产业组织理论 SCP 范式研究产能过剩的形成机理已历经三代。产能过剩概念最早见于 Chamberlin（1949），研究指出垄断竞争市场造成了企业产能过剩。处于垄断竞争市场的企业根据需求曲线与平均成本线的切点安排均衡的实际产出，造成实际产出小于产能产出的产能过剩现象。进入 20 世纪 70 年代，资本主义经济已经从自由资本主义向垄断资本主义转变，市场组织形态也由垄断竞争转入寡头垄断，在垄断资本主义市场中，一种主要的竞争手段就是在位企业利用垄断或寡占优势以扩大产能，制造产能过剩，以此来震慑潜在的进入者，从而达到遏制潜在的企业进入市场的目的。

2010 年以来，中国的产能过剩问题引起学者的高度关注，主要理论观点如下：第一，垄断竞争或寡头垄断导致产能过剩的形成。陈俊龙和汤吉军（2016）通过构建由国有企业与私有企业组成的混合寡占竞争模型，研究产能过剩问题。徐齐利和聂新伟（2017）基于产业组织理论 SCP 分析框架，从资源软约束和环境硬约束方面研究市场结构对垄断竞争市场行为的影响，进而对以产能过剩衡量

的市场绩效进行了分析，对中国的产能过剩形成机制进行了垄断竞争一般均衡体系下的演化解释。第二，“投资潮涌”导致产能过剩。林毅夫等（2010）指出，发展中国家的企业很容易对有前景的产业产生共识，投资上容易出现“潮涌现象”，揭示了产能过剩的形成机理。徐齐利等（2018）在产业组织理论 SCP 框架下，分析了行业前景、市场占先与产能过剩，指出“投资潮涌”现象造成的产能过剩既包括潜在企业的市场进入潮涌，还包括在位企业的产能扩张潮涌。第三，政府的不当干预导致产能过剩。江飞涛等（2012）以体制扭曲下的区域竞争为基础，揭示了政府对产能过剩的干预机制，指出由于政府的干预，企业的投资行为发生了扭曲，造成过度投资，进而导致产能过剩。范林凯等（2015）构建理论模型论证了产能过剩的政府干预机理，指出在渐进式改革背景下，竞争性行业的市场化改革滞后与产能管制共同导致产能过剩。

二、产业发展理论

（一）产业发展理论概述

企业应用数字技术推动产能利用率的提升，助力企业实现高质量发展。“高质量发展”的产生虽然源于宏观上的经济高质量发展，但也涵盖中观上的产业高质量发展以及微观上的企业高质量发展（黄速建等，2018）。企业是中观产业发展的基本组织，是宏观经济发展的微观主体，实现宏观经济高质量发展依赖于企业的高质量发展。企业作为国民经济的细胞，其运行是否符合经济高质量发展的要求，直接关系到经济结构改革的成败和现代化经济体系是否健全（孟茂源和张广胜，2021）。构建高质量发展的微观基础需要以企业为抓手，充分激发企业活力、提高企业创新能力（施本植和汤海滨，2019）。企业的高质量发展带动了整个产业的高质量发展，从而实现宏观经济的高质量发展。

产业发展是指某一单个产业从产生到消亡或更新变革的整个过程，以及对其他产业演变的影响过程（苏东水，2010）。产业发展具体表现为：产业结构的优化升级、主导产业分阶段转化、产业组织以及产业布局日趋合理、产业技术的进步以及产业效益的提升。21 世纪以来，世界经济进入深度调整期，国际竞争合作关系面临的不稳定性、不确定性显著增多。全球各主要经济体对制造业在本国经济社会发展中的重要性逐渐有了更加深刻的认识，积极地将第四次科技革命产生的新一代数字技术引入制造体系，以期在第四次产业革命中抢占先机，把握主动权。第四次产业革命的核心是智能化与数字化，各项数字技术的有机融合是第四次产业革命的重要内容。人工智能、大数据、云计算等数字技术通过工业互联网与制造业深度融合，实现产业资源的高效配置，加快产业全要素、全产业链与全价值链的互联互通（武汉大学工业互联网研究课题组，2020）。第四次产业革命是一次集数字化、网络化、智能化和绿色化于一体的破坏式技术创新（邓泳红和张其仔，2015）。数字技术的迅猛发展会促进企业的高质量发展，带动产业的高质量发展，助力实现经济的高质量发展（高建刚，2024）。

（二）制造业高质量发展理论

本书的研究对象是制造业企业，重点关注制造业高质量发展。制造业高质量发展是指在一定的发展阶段上，技术进步程度、资源消耗水平、生态环境效应及在全球价值链中的地位等超过一定的门槛（汪芳和石鑫，2022）。制造业的高质量发展是一个动态过程，主要通过制造业的产业结构升级、技术创新能力提升及新旧动能转换等方式带来制造业综合效率和竞争力的提升（任保平，2019）。余东华（2020）认为，制造业的高质量发展是指制造业在生产、制造和销售的过程中，实现资源配置效率、产品质量、生态环境质量及经济社会效益的全面提升。赵爱英等（2020）指出，制造业高质量发展最终体现在为社会或市场提供更高技术性能和品质的产品和服务。付晨玉和杨艳琳（2020）认为，产业发展质量是产业的市场绩效、环境保护成效和社会福利效应的综合体现。产业发展质量不仅包括产业在产生、成长和演进过程中自身的经济效益，还包括带来的环境和社会效益。互联网信息技术的发展使制造业原有的基础设施及竞争规则发生了革命性变化，为制造业企业提供了新的发展机会（尚会永和白怡珺，2019），拓展了制造业高质量发展的内涵。余东华等（2017）认为，在互联网时代，制造业高质量转型升级的重要特征是“高新化”，其中，“高”是指制造业产业内部结构和产业价值链定位的高端化，体现了制造业的升级；“新”是指产业发展形态和技术工艺的创新，体现了制造业的转型。进入数字经济时代，制造业的高质量发展迎来新的契机，数字技术使制造业企业的价值创造方式发生了变化，提高了价值创造效率，拓宽了价值创造媒介，增强了价值获取能力，进而赋能制造业高质量发展（吕铁和李载驰，2021）。

三、技术进步理论

技术进步源于熊彼特的技术创新理论（Schumpeter，1912），认为技术进步具有动态变化的特点，通过技术成果更新迭代实现生产率的不断提升。技术进步理论包括内生增长和外生增长两个理论派别。外生增长理论认为技术进步源于经济系统的外部，而非经济活动内生的，以新古典增长理论为代表（Solow，1956；Swan，1956）。内生增长理论认为技术进步源于行为主体的理性决策，内生于经济系统，代表性理论有 Arrow 的“干中学”理论（Arrow，1962）、Romer 的知识溢出模型（Romer，1986）和产品种类增加模型（Romer，1990）等。

（一）新古典增长理论

新古典增长理论假定经济增长依赖既定的外生变量。Solow（1956）假定规模收益不变，投入要素的边际收益递减，认为技术进步使生产函数曲线发生移动，将国民经济增长中无法用资本和劳动解释的部分视为技术进步，模型推导出人均产出的增长取决于技术进步的速度。若没有外生的技术进步，经济系统将达到稳态，经济增长率趋近于零。Swan（1956）不同于 Solow（1956）关注资本—劳动比，而是关注产出—资本比，认为技术具有非竞争性和非排他性，将技术作为偶然因素纳入分析框架，指出只有在技术进步时，经济增长率才会增加。Koopmans（1963）进行了补充与修正，指出长期的经济增长是由外生技术进步推动的。新古典增长理论将技术进步视作外生变量，与经济系统无关，无法解释其内在机理和演进过程，这在一定程度上削弱了新古典增长理论的解释力度。

（二）内生增长理论

内生增长理论学派摒弃了将技术进步视作外生变量的假设，认为技术进步是知识内生积累的结果，将其视为内生变量进行分析，并试图从根源探究技术进步的动力。Arrow（1962）首次将技术内生于经济增长模型进行分析，认为生产和物质资本积累过程中产生的“干中学”效应以及技术的外溢效应提高了社会劳动生产率。Romer（1986）提出了知识溢出模型，认为技术是可以将投入转化为产出的知识总和，技术进步是知识不断累积的结果，技术进步和知识积累互为促进，形成正向反馈，并且知识具有外部溢出的特性，其他经济主体可以从中获益，从而提升整个经济系统的生产效率。

内生增长理论认为，研发通过以下两种方式引至技术创新：一是通过水平创新增加产品种类。Romer（1990）构建了内生的技术进步模型，引入了研发这一经济增长的另一重要源泉，认为研发活动带来了中间产品种类的增加，从而提高了最终产品部门的生产效率。Grossman 和 Helpman（1991）构建了包括研发部门和最终消费品的模型，认为研发效率的提高带来了更多的消费品种类，从而使经济增长率得到提高。二是通过垂直创新改进产品质量。该理论认为技术进步带来产品质量提升，并将产品质量提升视为经济增长的源泉。

Lucas（1988）将技术进步的动力归因于人力资本积累，强调了不断积累的人力资本及其外部溢出效应对经济增长的重要性，认为人力资本积累来源于学校教育、“干中学”等。学校教育实现的人力资本积累具有较强的外部溢出效应，在生产实践过程中通过“干中学”实现的人力资本积累可以直接使企业受益。鉴于技能的专业性，其外部溢出效应较为有限。以上两种方式带来不断积累的人力资本，从而实现经济的持续增长。Aghion 和 Howitt（1990）遵循了 Schumpeter（1912）“创造性毁灭”的观点，将技术进步视为企业家创新的过程并模型化，丰富了内生增长理论框架。

本书应用内生增长理论探究数字技术应用对企业产能利用率的影响。将数字技术应用视为技术进步纳入内生增长模型中，数字技术应用催生了新产业、新业态和新模式，产生了更多的生产环节，从而出现更多的中间产品类别，实现了最终产出的增加。数字技术应用对最终产出的积极影响还来自研发部门不断积累的技术（知识）的边际递增效应。在研发部门，数字技术应用带来的技术变化的积累增加了中间产品数量，从而带来生产力的不断增长，最终实现产能利用率的提升。

第三节　文献综述

一、文献检索分析

文献检索是文献综述的基础和客观依据。

（一）中文文献检索

1. 文献数量与研究主题

为了避免重复检索，本书以中国知网《中国学术期刊（网络版）》为中文检索来源数据库，分别以“企业数字技术应用”“企业数字化转型”“企业产能利用率”“企业产能过剩”“数字技术应用与产能利用率”“数字化转型与产能利用率”“数字技术应用与产能过剩”“数字化转型与产能过剩”作为研究主题进行检索，检索截止日期为 2023 年 11 月 30 日。

经过检索发现，主题为“企业数字技术应用”的文献有175篇，主要涉及数字技术应用、技术创新、研发投入、探索式创新、创新成本、创新生态系统、制造业企业、企业人力资本、冗余资源、高质量发展、产业链协同及高质量创新等内容；主题为“企业数字化转型”的文献有4039篇，主要涉及数字化转型、高质量发展、制造业企业、商业模式创新、数字技术、文本分析、企业创新、企业年报、企业全要素生产率、融资约束等领域的内容；主题为“企业产能利用率”的文献有716篇，主要涉及产能利用率、产能过剩、制造业、工业行业、去产能、重工业、供给侧结构性改革、技术创新、全要素生产率、政府补贴、体制扭曲等方面的研究；主题为“企业产能过剩”的文献有4979篇，主要涉及产能过剩、产能利用率、供给侧结构性改革、去产能、制造业、产业政策、僵尸企业、政府干预、政府补贴、全要素生产率、过度投资、固定资产投资、市场失灵及技术创新等方面的研究。值得注意的是，主题为“数字技术应用与产能利用率”或“数字化转型与产能利用率”或“数字技术应用与产能过剩”或“数字化转型与产能过剩”的文献仅有7篇，数量较少。具体检索结果如表2-1所示。

表2-1　中文相关文献检索

检索词	文献数量（篇）	CSSCI来源文献数量（篇）
企业数字技术应用	175	60
企业数字化转型	4039	634
企业产能利用率	716	271
企业产能过剩	4979	718
数字技术应用（数字化转型）与产能利用率（产能过剩）	7	4

注：作者根据中国知网期刊数据库整理所得。

2. 文献发表时间

通过检索发现，数字技术应用与数字化转型相关的研究集中在2016年之后，并且近五年的文献数量激增，成为热门学术研究领域。中国经济迎来数字化浪潮，为经济高质量发展注入强劲动力，微观层面企业的数字技术应用或者数字化转型日益受到学者的关注。另外，产能利用率或产能过剩的研究自2011年以来就受到学者的广泛关注，产能过剩是困扰经济运行的痼疾，是亟待解决的重要经济问题（徐业坤和马光源，2019）。面对世界范围内工业化与数字化深度融合的新趋势，如何有效发挥数字技术的去产能效应，为数字化研究与产能过剩问题的治理提出了新的时代课题，也给本书的研究提供了明确的研究方向，目前尚缺乏该方向的研究。

（二）外文文献检索

为了避免重复检索，本书以“Web of Science”（WOS）作为外文检索数据库，分别以“Enterprise digital technology application”“Enterprise digital transformation”“Enterprise capacity utilization”“Enterprise overcapacity”“Digital technology application（or Digital transformation）and capacity utilization（or Overcapacity）”为研究主题进行检索，检索截止日期为2023年11月30日。

1. 文献数量与研究主题

经过检索发现，主题为“Enterprise digital technology application”的文献有1048篇，主要关注数字技术应用、企业竞争策略、绿色制造、制造企业、智能制造、组织绩效、业务流程、财务绩效、生命周期、商业模式、人工智能、大数据分析、云计算、工业物联网、区块链等研究方向；主题为“Enterprise digital transformation”的文献有2232篇，主要包括数字化转型、创新绩效、企业价值、融资约束、低碳发展、组织弹性、商业模式、全要素生产率、企业绩效、自适应、企业架构、生产效率、信息环境及竞争战略等研究方向；主题为“Enterprise capacity utilization”的文献有512篇，主要关注产能利用、信贷支持、生产效率、企业创新、企业投资、知识管理、制造企业、环境规制及低碳技术等研究方向；主题为“Enterprise overcapacity”的文献有108篇，主要涉及产能过剩、政府补贴、政府干预、研发支出、技术创新、环境规制、过度投资、价格扭曲、市场机制、信贷支持、实物期权、融资约束、可持续发展、演化博弈、企业战略管理、去产能、绿色信贷、绿色创新等研究方向。主题为“Digital technology application（or Digital transformation）and capacity utilization（or Overcapacity）”的文献共计70篇，但是大部分都属于工程、计算机科学、教育研究等领域，并未有涉及经济学层面的研究。具体检索结果如表2-2所示。

表 2-2　外文相关文献检索

检索词	文献数量（篇）	高被引文献数量（篇）
Enterprise digital technology application	1048	14
Enterprise digital transformation	2232	60
Enterprise capacity utilization	512	0
Enterprise overcapacity	108	2
Digital technology application（or Digital transformation） and capacity utilization（or Overcapacity）	70	1

注：作者根据 WOS 数据库整理所得。

2. 文献发表时间

通过检索 WOS 数据库发现，数字技术应用与数字化转型相关的研究集中在 2013 年之后，并且近五年的文献数量增幅较大。数字化浪潮席卷全球，数字经济正在成为重组全球要素资源、重塑全球经济结构、改变全球竞争格局的关键力量。产能利用率或产能过剩的研究自 2009 年以来就受到学者的广泛关注。产能过剩是不完全竞争条件下出现的实际产出偏离“完全产能”的一种经济组织无效率状态（Chamberlin，1949）。数字经济的快速发展为去产能提供了新的思路，这也是本书研究的出发点。

二、产能利用率的相关研究

（一）产能利用率的测度与评价

产能利用率的测算方法比较常见的有峰值法、生产函数法、成本函数法、数据包络分析法和随机前沿模型法等。

1. 峰值法

峰值法由 Klein（1960）提出，以企业产出的时序数据为基础，假设当产量位于波峰的时刻，生产能力是得到充分利用的，此时产能利用率达到了 100%，而其他阶段的产能利用率则根据峰值来推算。Phillips（1963）注意到，在实际生产过程中，即便产量达到最大化，也存在未被充分利用的产能，故由峰值法测算的产能利用率偏高。沈利生（1999）利用峰值法计算了中国潜在 GDP，并据此得出了中国产能利用情况。由于峰值法将产量的峰值视为产能，所以无需从理论上对产能进行严格的定义，计算方法简单，但是忽视了结构和规模的改变，因此效度和信度不高（余东华和吕逸楠，2015）。

2. 生产函数法

生产函数法由 Klein 和 Preston（1967）提出，根据实际数据估计生产函数中的未知参数，然后假设全部要素都被投入，由此获得的产出即为产能。生产函数法能够很好地降低由于产品不同或制造过程不同而造成的产能利用率最大值间的差别，提高了企业间产能利用率的可比性。但是，生产函数法也面临如何确定生产函数形式、投入要素怎样分类和确定的技术难题。目前学者大多利用传统 C-D 生产函数衡量潜在生产能力，从而测算产能利用率。黄梅波和吕朝凤（2010）利用传统 C-D 生产函数测算了中国的实际资本存量，并进而估算出中国潜在的生产能力。余东华和吕逸楠（2015）通过生产函数法，评估了中国光伏产业领域上市公司的产能利用率，指出了光伏产业中存在着产能过剩问题。颜晓畅和黄桂田（2020）通过生产函数法评估了中国战略性新兴产业的产能利用率，并指出中国战略性新兴产业面临产能过剩的局面。

3. 成本函数法

成本函数法把产能确定在企业效益最大化下的产出水平，通过建立企业或行业的平均成本曲线来确定企业的最佳产量，并通过现实产出水平和最佳产出水平的比较评价产能利用率。成本函数法既有理论依据，实践性也强，不足之处在于需要大量的投入与产出价格水平的数据，对数据要求高，估计结果易出现偏误。Berndt 和 Morrison（1981）利用成本函数估计产能利用率，指出均衡状态的最优产量是平均生产成本最低状态的产能。Garofalo 等（1997）运用成本函数法对美国制造业的产能过剩水平做出了评估。韩国高等（2011）则采用成本函数法估计了中国制造业的产能利用率，并探究了产能过剩的形成机理。

4. 数据包络分析法

数据包络分析法（DEA）由 Charnes 等（1978）首次提出，是评价决策单元相对效率的非参数方法。DEA 法主要运用边际效益理论和线性规划模型，通过判断企业的产出水平是否处在生产前沿面上，来对比各决策单元间的相对效率。由于 DEA 法更适合于多投入、多产出的情况，因此能够对无法价格化或者无法轻易设定权重的指标加以分析，从而减少了因人为设置权重系数而产生的主观影响，从而能够较为合理地确定企业实际的产出水平是否达到最优。但该方法易受极端值影响，估计结果容易偏高（余东华和吕逸楠，2015）。DEA 法自提出以来受到诸多学者的关注。董敏杰等（2015）通过 DEA 法测算了中国各行业、各地区的产能利用率，发现 2001~2011 年中国平均产能利用率为 69.3%，并且行业间、地区间产能利用率差异明显。贾润崧和胡秋阳（2016）通过 DEA 法测算了中国制造业企业的产能利用率，并从市场集中和空间集聚的角度探究了产能过剩的成因。胡川和郭林英（2020）采用 DEA 法测算了中国上市公司产能利用率，探究了产能过剩、闲置成本与企业创新的关系。

5. 随机前沿模型法

随机前沿模型法（SFA）是利用随机前沿生产函数估计效率的参数方法，由 Aigner 等（1977）、Meeusen 和 Broeck（1977）提出。随机前沿模型法可以将影响最优产能的各种因素综合起来，能够有针对性地评估最优产能（孔东民等，2021）。陈少凌等（2021）利用随机前沿模型测算了产能过剩，探究了从过度投资到产能过剩的形成机制。Aretz 和 Pope（2018）利用改进的随机前沿模型法估计最优产能，基于产能过剩非负的前提，通过随机前沿模型根据影响最优产能的因素构造每一个时间窗口下前沿面（最优产能）和现有产能之间的差异，将其视为产能过剩，并在实物期权模型中通过控制行业固定效应，来捕捉不可观测的影响最优产能的关键因素，递归估计方法实现了产能过剩的实时计算。孔东民等（2021）、张韩等（2021）、李晓溪和饶品贵（2022）均参考 Aretz 和 Pope（2018）的方法测算了产能过剩。

（二）产能过剩的成因研究

本书从宏观、行业和企业三个层面对产能过剩的成因研究进行归纳。在宏观层面，主要是将投资、不确定性和资本利用率等结合起来，在经济周期中纳入产能进行分析（Greenwood 等，1988；Gilchrist 和 Williams，2005）。林毅夫指出，发展中国家处在全球产业链中下端，关于新兴产业的判断大多借鉴处在产业链前端的发达国家经验，容易形成共识，在信息不完全的情况下，极易产生“潮涌现象”和产能过剩（林毅夫，2007；林毅夫等，2010）。耿强等（2011）把产能利用率作为内生变量引入实际经济周期模型中，指出中国政府的偏向性产业政策导致要素市场的价格表现为非效率，部分企业的投资成本降低，进而盲目扩张生产引发产能过剩问题。

在行业层面，国外文献重点关注行业特征差异，主要分析行业产能变化与需求变化、行业内企业数量、资本密度和投资规模经济的关系（Manne，1961；Whitt，1981）。国内学者则更多根据中国国内实际情况，把产能过剩归因于市场失灵和政府部门的不合理干涉（曹建海和江飞涛，2010）。耿强等（2011）指出，政策性补贴会造成“过度竞争”，导致产能过剩。黄秀路等（2018）测算了中国工业产能利用率，并分析了产能利用率时空演进的交叉特征事实与差异分解。齐绍洲等（2021）研究了水泥行业的产能过剩，探讨了该行业的碳排放配额分配的有效性。

在企业层面，早期文献将产能过剩视为企业排挤竞争者的策略性行为（Benoit 和 Krishna，1987），局限于寡头市场，难以解释广泛存在的产能过剩问题。此后越来越多的学者注意到信息不完全现象，Paraskevopoulos 等（1991）认为，企业面对的需求不确定造成实际产出与设计产能的偏离。Banerjee（1992）基于信息不完全现象，指出企业可能因对外部信息的误判造成产能过剩。企业层面的研究考虑到企业的决策行为，并开始关注信息不完全问题。

三、数字技术应用的相关研究

（一）数字技术应用的测度与评价研究

国外文献主要集中从理论层面探讨企业数字化转型的特征，较少给出具体的评价指标或者量化分析方法，但这些文献为后续关于数字化转型测度与评价奠定了基础，也有少数文献利用调查数据进行数字化转型领域的相关研究。Peter 等（2020）建立了一个基于战略行动领域理论的研究框架，利用瑞士协会提供的在线调查数据研究了瑞士企业的数字化转型，并指出数字化转型的驱动力是数字技术、数字流程和数字化业务发展。伴随数字技术出现的大数据分析、机器学习等研究方法在一定程度上弥补了传统经济研究方法的局限（陈晓红等，2022）。大数据的出现催生了机器学习等数据分析处理方法，拓展了传统的计量方法体系（纪园园等，2021）。国内文献主要采用基于机器学习的文本分析法、数字技术应用有关的无形资产占比以及数字技术专利来衡量企业数字技术应用水平。

1. 基于机器学习的文本分析法

利用文本分析法测算数字技术应用水平，是指利用 python 爬虫技术统计上市公司年报中关于数字技术应用或者数字化转型的关键词出现的频率，近年来被广泛地使用。吴非等（2021）通过爬虫技术整理企业年报中和数字化转型相关的关键词，创新性地刻画了企业数字化转型的程度，研究了企业数字化转型和资本市场表现。赵宸宇（2021）通过文本分析法从数字化技术应用、互联网商业模式、智能制造以及信息化四个层面构建了企业数字化发展指数。袁淳等（2021）借助数字经济相关的国家政策语义表述，利用文本分析法构建了刻画中国上市公司数字化程度的指标，研究了数字化转型对企业分工的影响。

2. 数字技术应用有关的无形资产占比

该方法将上市公司财务报告附注中公布的当年末无形资产明细项中，与数字技术应用有关的内容占无形资产总额的比例，视为数字技术应用的代理变量。具体地，当无形资产明细项涉及“管理系统”“智能平台”等与数字技术应用有关的内容或者与此有关的专利时，标示该明细事项为“数字技术无形资产”，并对同一公司同一年度各项数字技术无形资产进行加总，计算其占当年度无形资产的比例。祁怀锦等（2020）采用与数字技术应用相关的无形资产占比来表征企业的数字化转型程度，研究了企业数字化转型对公司治理的影响。张永珅等（2021）采用与数字化转型相关的无形资产占比刻画了企业数字化转型水平，并研究了其与资产定价的关系。

3. 数字技术专利

利用机器学习的方法对公司专利申请文本数据进行分类，统计每家公司每年申请的数字技术专利数量，将其取自然对数用于衡量数字技术（李文涛，2021）。李文涛（2021）对专利申请文本首先进行预处理，然后根据与数字技术应用相关的关键词构建用于机器学习算法的训练样本，通过使用逻辑回归分类器统计每家公司每年申请的数字技术专利数量，将其取自然对数后来表征企业数字技术应用水平，若企业没有数字技术专利，则数字技术应用水平变量赋值为0，研究了数字技术、行业冲击与企业决策。罗佳等（2023）利用企业专利数据识别数字技术应用情况，研究了数字技术应用对企业全要素生产率的影响及其机制。

（二）数字技术应用的后果研究

数字技术与传统生产模式互嵌，对生产资源进行重组优化，突破了传统要素的边界约束，展现出了全新的数据价值功能（Acemoglu，2003）。

1. 数字技术应用提高了企业的经济效率或财务绩效

近些年快速发展的数字技术成为企业经济效率或财务绩效提升的重要手段之一。早期国外 Frankowiak 等（2005）和 Su 等（2006）对于公司执行智能化管理实现公司价值提升的研究，构建了日后国内外学者探究数字技术应用对企业绩效影响的基础。Westerman 等（2011）研究指出，数字技术应用可以实现企业绩效和影响范围的显著提升。何帆和刘红霞（2019）研究了企业数字化转型对企业绩效的影响，发现企业进行数字化转型可以提升企业经济效益。Solberg 等（2020）指出，数字化转型能够改善企业的财务绩效，并且这种促进作用在短期与长期都是存在的。池毛毛等（2020）研究指出，中小型制造业企业进行数字化转型时，通过研发能力提升等途径有效提高了企业产品开发绩效。Verhoef 等（2021）指出，企业的数字化转型能够提升企业的运营绩效以及资本回报率。黄大禹等（2021）实证检验了数字化转型与企业价值的关系，研究表明数字化转型对企业价值和企业业绩具有显著提升作用。池仁勇等（2022）研究发现，商业模式数字化可以提升企业财务绩效。

2. 数字技术应用影响了企业行为

数字技术应用影响企业行为的研究主要涉及：数字技术应用促进了企业创新、服务化转型、出口竞争力以及绿色发展。Frishammar 和 Hrte（2005）研究发现，信息化可以提升企业创新绩效。Kleis 等（2012）指出，当企业创新投入不变时，进行数字化转型能够带来创新产出的增加。戚聿东和蔡呈伟（2019）认为，数字技术能够重组企业各部门间的资源，推动各部门各环节的交流合作，从而提升企业创新效率。郭海和韩佳平（2019）认为，数字化转型是企业进行开放式创新的关键途径。赵宸宇（2021）研究发现，数字化发展通过提高企业创新能力和优化人力资本结构显著提升了企业服务化水平，助推企业高质量发展。易靖韬和王悦昊（2021）研究了数字化转型对企业出口的影响，研究发现数字化转型有利于企业扩大出口，并且发现企业创新和市场竞争正向调节数字化与出口的关系。姚战琪（2022）研究了数字经济对中国制造业出口竞争力的影响，研究发现数字经济通过创新效率提升、人力资本积累以及协同集聚能够提升中国制造业出口竞争力。

3. 数字技术应用改善了公司治理

数字技术应用改善公司治理主要表现在改善了信息不对称、缓解了委托代理问题、降低了公司治理成本、改进了组织结构、创新了商业模式等方面。Morton（1990）最先研究了信息技术和企业组织转型，指出信息技术应用会引发企业的重大组织变革。Berman（2012）认为，企业数字化转型是创造新型商业模式的机会。Morakanyane（2017）指出，企业应用数字技术改变了业务流程的运作方式，改进了组织结构。Fenwick 等（2019）研究了人工智能和区块链等数字技术对公司治理的影响。Kaidalova 等（2018）指出，数字技术既为企业发展带来了新机遇，也给企业架构管理带来了新的挑战。Ivaninskiy（2019）研究了数字技术尤其是区块链技术对公司治理和公司委托代理冲突的影响，研究发现，区块链技术的应用可以有效缓解企业管理层和股东之间的委托代理冲突，有效改善公司治理水平。Fenwick 等（2019）认为，公司治理将成为数字化转型的主要受益者。Manita 等（2020）指出，数字技术改变了审计作为治理的角色。罗贞礼（2020）指出，企业内部普及数字技术能打破企业的边界限制、创新原有的商业模式、构建数字经济环境下数字驱动的智能生产体系。祁怀锦等（2020）研究发现，企业数字化通过降低信息不对称程度、抑制管理层的非理性行为，从而提高公司治理水平。戚聿东和肖旭（2020）基于企业管理理论，对数字化时代下的企业管理变革进行了探讨，认为在数字化时代，用户价值主导和替代式竞争推动着企业治理结构的创新。陈德球和胡晴（2022）指出数字技术的发展对公司治理结构和治理机制提出更高的要求，深入分析了新时代下公司治理研究的新机制和新路径。

四、数字技术应用对产能利用率的影响研究

现有文献鲜有直接研究数字技术应用对企业产能利用率的影响，部分领域内的文献研究了信息通信技术对产能利用率或产能过剩的影响。Kahn 等（2002）利用企业层面的数据检验了信息技术对库存波动率的影响，研究发现，信息技术导致了总产出和通货膨胀波动性的下降。Nightingale 等（2003）研究发现，信息通信技术的大量使用使制造业企业能更精确地执行生产任务，提高了产能利用率。Hubbard（2003）的研究表明，应用信息技术可以提高产能利用率并降低平均成本。Dermisi（2004）表明，使用信息技术进行销售可以提高库存周转速度。Marini 和 Pannone（2007）研究指出，信息通信技术的使用简化了复杂信息的管理和不同活动之间的协调，通过减少生产过程的闲置时间和改进商品生产中投入与产出的匹配，提高了产能利用率。Dana 和 Orlov（2014）构建了产能决策模型，认为消费者通过互联网增加信息获得，从而影响消费者购买决策以及产品的均衡价格和产能利用率。王永进等（2017）从微观层面上探讨了信息化对企业产能利用率的影响机制。李后建（2017）研究了信息通信技术应用的去产能效应，研究发现信息通信技术的应用可以提升企业生产效率、提高企业创新能力、加强信息共享，从而提升制造业企业产能利用率，并指出政府管制弱化了信息通信技术的去产能效应。于文超和王小丹（2020）研究发现，随着信息化程度的提高，企业能够更好地运用信息技术收集政策信息，越容易形成较为准确的政策预期，从而提高企业的产能利用率。张凯淇（2021）研究了信息化对产能过剩的影响，构建了面向信息化与产能过剩关系的数理模型，研究发现，在不同的经济环境中，高度信息化显著缓解了产能过剩。少数几篇文献研究了数字化转型和产能利

用率的关系。韩国高等（2023）研究发现，企业数字化转型通过促进技术创新、提升内部控制水平和缓解信息不对称来提升产能利用率。孙帆等（2023）验证了数字化转型的去产能效应，其作用路径主要是提效率、促创新以及增透明、强监督两个方面。

五、文献评价

国内外现有文献对本书的研究提供了重要参考与研究启发。

第一，相关文献为本书深刻认识产能利用率和产能过剩的概念、产能利用率的测度方法以及产能过剩的成因提供了重要参考。

首先，在产能利用率和产能过剩的概念上，产能利用率是衡量产能过剩最直接、最常用的指标（徐业坤和马光源，2019），产能利用率低下直接反映了产能过剩（韩国高等，2011）。提升产能利用率实质上就是在缓解产能过剩，二者之间的关系可以近似地看作是互补的，即产能利用率为 1 减去产能过剩的部分。在学术领域，对产能过剩这一概念是从宏观、中观以及微观三个层面来研究的。本书主要考察微观企业层面的产能过剩，因此采用微观定义，当企业的现有产能高于最优产能时，企业会形成一定的生产能力过剩和资源的闲置，则认为其存在产能过剩。

其次，在产能利用率的测度方法上，现有研究主要采用了峰值法、生产函数法、成本函数法、数据包络分析法和随机前沿模型法。随机前沿模型法可以将影响最优产能的各种因素综合起来，能够有针对性地评估最优产能（孔东民等，2021）。以往研究多从产出角度测算企业的产能利用率，实际上测算的是在当前产能水平下实际产出和最优产出的差距。然而产出和产能在本质上存在区别，产能包括机器设备等一系列投入，是指潜在生产能力，用来衡量一家企业或者行业的潜在产出水平，而产出指依赖这些投入实际生产的最终产品。本书采用 Aretz 和 Pope（2018）的测算方法，利用改进的随机前沿模型从投入角度测算产能利用率，对现有文献进行有益补充。

最后，在产能过剩的成因上，现有研究从宏观、行业和企业三个层面展开研究。发展中国家通常位于全球产业链的中下端，对于新兴产业的评估，往往以处于产业链前端的发达国家的经验作为参考。这种情况下，各国容易形成相似的产业判断，导致在信息不全面的环境中极易出现“潮涌现象”和产能过剩的问题（林毅夫，2007；林毅夫等，2010）。政策性补贴会造成“过度竞争”，导致产能过剩（耿强等，2011）。企业层面的研究考虑到企业的决策行为，并开始关注信息不完全问题，但是却忽视了数字技术应用对信息不完全的影响，也仍然难以解释为何中国持续存在产能过剩问题。

第二，相关文献为本书深刻认识数字技术应用和数字化转型的内涵、数字技术应用的测度方法以及数字技术应用后果提供重要依据。

首先，在数字技术应用和数字化转型的内涵上，企业数字化转型是一个旨在通过数字技术组合改变实体企业价值创造路径、保持其竞争力的过程（Vial，2021）。结合前人的文献，鉴于企业数字化转型是一个持续变化的过程，在不同的转型阶段，其目标和实施策略也会有所不同，因此难以用单一的标准来衡量，故本书选择使用“数字技术应用”这一表述方式。本书结合前人的研究将数字技术应用定义为：企业应用人工智能、大数据、云计算、区块链等数字技术推动企业生产资料与生产过程的数字化，从而达到提质增效、实现企业高质量发展的目标，既包括底层数字技术的嵌入，也包括业务场景的数字技术应用。

其次，在测度方法上，国外文献主要集中从理论层面探讨企业数字化转型的特征，较少给出具体的评价指标或者量化分析方法，但这些文献为后续关于数字化转型测度与评价奠定了基础，也有少数文献利用调查数据进行数字化转型领域的相关研究。国内文献主要采用文本分析法（吴非等，2021；赵宸宇，2021；袁淳等，2021）、数字技术应用有关的无形资产占比（祁怀锦等，2020；张永珅等，2021）以及数字技术专利（李文涛，2021）来衡量企业数字技术应用水平。本书利用这三种方法测算了中国制造业企业的数字技术应用水平，其中文本分析法作为主回归，另外两种方法作为稳健性检验。

最后，在数字技术应用后果上，现有文献主要集中在：数字技术应用提高了企业经济效率或财务绩效；数字技术应用影响了企业行为，主要表现在数字技术应用促进了企业创新、服务化转型、出口竞争力以及绿色发展；数字技术应用改善公司治理，主要表现在减少信息不对称、解决委托代理冲突、削减治理成本、优化组织结构和革新商业模式方面。本书考察了数字技术应用对企业产能利用率的影响，并进行了拓展性分析，探究了数字技术应用影响企业产能利用率的行业溢出效应，对现有文献进行了拓展。

第三，相关文献为本书研究数字技术应用对产能利用率的影响提供重要启发。虽然现有文献中直接探讨数字技术应用如何影响企业产能利用率的研究并不多见，但确有少数几篇相关领域的文献研究了信息通信技术对产能利用率或产能过剩的影响。信息通信技术的大量使用使制造业企业能更精确地执行生产任务（Nightingale 等，2003），简化了对复杂信息的处理，提高了各种活动间的协调，缩短了生产过程的闲置时间，改善了产品生产中投入与产出的匹配，提高了产能利用率（Marini 和 Pannone，2007）。信息化有助于企业获取更精确的需求信息，提高“事前”投资的效率，同时也可以让企业在“事后”对外部环境的冲击作出有效地应对（王永进等，2017），通过提升企业生产效率、提高企业创新能力、加强信息共享来提高制造业企业产能利用率（李后建，2017）。面对世界范围内工业化与数字化深度融合的新趋势，本书研究了数字技术应用对产能利用率的影响，并从投资改善机制、企业柔性机制、创新激励机制以及人力资本机制方面探索了影响机制，基于企业融资约束、企业所处生命周期、企业所有权性质以及企业技术密集度进行了异质性检验，并考察了企业组织惯性、企业所处的市场环境、宏观经济环境以及媒体环境等内外部环境条件对数字技术应用去产能效应的调节机制，为数字经济研究与产能过剩问题的治理提供了新的研究思路。

第四节　本章小结

本章第一部分对产能利用率、产能过剩、企业数字技术应用以及数字化转型概念进行界定。第二部分基于产业组织理论、产业发展理论以及技术进步理论，阐述了企业数字技术应用影响产能利用率的理论基础。数字技术应用是产业组织理论 SCP 框架中市场行为的重要表现形式，产能利用率是产业组织理论 SCP 框架中市场绩效的反映，产能过剩理论主要隶属于产业组织理论，本书在产业组织理论 SCP 框架下阐述了产能过剩的形成机理。制造业企业应用数字技术推动产能利用率的提升，助力制造业企业实现高质量发展，从而带动制造业的高质量发展，最终有助于实现经济的高质量发展。技术进步理论包括内生增长和外生增长两个理论派别。外生增长理论认为技术进步源于经济系统的外部，而非经济活动内生的。内生增长理论认为技术进步是经济增长的关键驱动力，它源于经济体系内部，由行为主体的理性决策和创新活动所推动。本书应用内生增长理论探究数字技术应用对企业产能利用率的影响。

第三部分对国内外产能利用率的相关研究（产能利用率的测度与评价、产能

过剩的成因研究）、数字技术应用的相关研究（包括数字技术应用的测度与评价研究、数字技术应用的后果研究）、数字技术应用对产能利用率影响研究等相关主题文献进行了梳理。通过梳理国内外相关文献发现，有关数字技术应用、产能利用率的文献较为丰富，为本书的进一步开展提供了重要研究启示，而鲜有研究数字技术应用对产能利用率影响的相关文献。面对世界范围内工业化与数字化深度融合的新趋势，本书研究了数字技术应用对产能利用率的影响，为数字经济研究与产能过剩问题的治理提供了新的研究思路。

第三章　数字技术应用影响制造业企业产能利用率的理论分析

在第二章概念界定、理论基础和文献综述的基础上，本章从理论上分析数字技术应用对制造业企业产能利用率的影响。主要讨论以下四个问题：数字技术应用是否能提高制造业企业产能利用率？数字技术应用通过什么机制提高制造业企业产能利用率？数字技术应用对不同特性的制造业企业产能利用率是否具有异质性影响？企业内外部环境条件对数字技术应用的去产能效应是否具有调节作用？

本章应用了产业组织理论 SCP 范式，将数字技术应用和产能利用率纳入 SCP 范式中进行分析，并将数字技术应用纳入内生增长模型中。以上分别从中观产业组织层面和微观企业层面推导出数字技术应用可以提升产能利用率的理论观点。然后从投资改善机制、企业柔性机制、创新激励机制以及人力资本机制方面分析了数字技术应用对制造业企业产能利用率的影响机制。并基于企业融资约束、企业所处生命周期、企业所有权性质以及企业技术密集度的不同进行了数字技术应用去产能①效应的异质性理论分析。最后，考虑到企业内外部环境条件不同，应用数字技术所产生的去产能效应也会存在差异，分析了企业组织惯性、市场环境、宏观经济环境以及媒体环境对数字技术应用去产能效应的调节机制。

① 去产能指的是化解过剩产能，寻求对生产设备及产品进行转型和升级，提升产能利用率。

第一节　产业组织理论 SCP 范式应用以及理论模型构建

一、产业组织理论 SCP 范式的应用

传统产业组织理论将“产业”定义为“生产同类或有密切替代关系产品、服务的企业集合”（杨公仆，2005）。数字经济时代已逐渐形成以数字技术为基础的新一代产业模式，从而为传统产业组织理论中产业的界定、理论假设条件以及研究方法等提供了新的探索空间（陈晓红等，2022）。本书在产业组织理论“结构—行为—绩效”（SCP）范式下分析数字技术应用对产能利用率的影响。现有的市场结构（S）不能满足国家去产能的政策导向和经济高质量发展的现实需求，企业通过数字技术应用行为（C）改变原有粗放式的生产经营模式，实现产能利用率的提高，提升企业绩效（P）。

在原有粗放式的发展模式下，企业依靠增加生产要素的投入来扩大生产规模，重复建设问题突出，市场结构不合理，企业生产过程中存在生产资料的浪费和产能利用率的低下。不合理的市场结构是导致产能过剩的重要因素（崔永梅和王孟卓，2016）。中国政府在 2015 年提出供给侧结构性改革，推进“三去一降一补”，去产能居首位。在这种政策导向和经济高质量发展的现实需求下，急需一种新的生产模式来对原有的生产模式进行变革。数字技术则将信息的边际成本降到极低水平，乃至趋近于零。数字技术的发展弥补了传统市场上要素流动不通畅的缺陷，实现了跨时空的交流，大大降低了自市场诞生以来就长期存在的市场搜寻和匹配成本（许宪春和张美慧，2020；张文魁，2022）。与过去相比，搜寻和匹配成本近乎于零，极大地改变了交易成本结构，并对市场结构产生了重大影响。

（一）数字技术应用是产业组织理论 SCP 框架中市场行为的重要表现形式

市场行为即企业根据市场供求条件，充分考虑与其他企业关系，为获取更大利润和更高市场占有率采取的战略决策行动（简新华和杨艳琳，2009）。企业行为主要有企业定价行为、非价格行为和企业的组织调节行为。企业的定价行为包含了价格的竞争和协调。企业的非价格行为并非以降低成本、提高或协同定价来获取更高收益，而是以研究和开发、广告促销等方式形成产品差异来获取更高收益。企业合并和联合是企业组织调整行为的主要表现形式。

本书研究的企业数字技术应用是数字经济发展背景下市场行为的重要表现形式，并且是一种非价格行为。企业应用数字技术有助于企业实现产品或服务的差异化，从而提高市场份额、获取较高利润。第一，企业进行数字技术应用可以向外界释放企业注重产品质量提升、探索新型商业模式、拓宽企业营收渠道的积极信号。由信号传递理论可知，企业数字技术应用行为可以扩大其产品或服务与其他企业的差异化程度，提升企业竞争力，从而提高企业绩效。第二，企业应用数字技术对消费端数据进行深度分析，对企业形成竞争优势、提升企业绩效具有重要意义（周文辉等，2018）。第三，企业应用数字技术通过改进生产组织流程、加快企业资产周转速度、提高企业的管理效率、增加销售渠道提高市场份额从而提高企业绩效。综上所述，企业数字技术应用行为属于产业组织理论 SCP 框架中市场行为中非价格行为的重要表现形式，该行为最终目的是提高企业绩效。

（二）产能利用率是产业组织理论 SCP 框架中市场绩效的反映

市场绩效是指在一定的市场结构下企业市场行为产生的结果。产业经济学主要从经济效率角度对市场绩效进行测度与分析。产业的市场绩效主要表现为：产业的资源配置效率、产业的规模结构效率和产业的技术发展水平。其中，产业的资源配置效率从消费者的效用满意度以及生产者的生产效率两方面衡量资源使用状况。产业的资源配置效率被现代产业组织理论认为是反映市场绩效好坏的最重要指标。

本书研究的产能利用率属于资源配置效率的范畴，是产业组织理论 SCP 框架中市场绩效的反映。企业产能利用率水平反映了企业资源的使用效率。当企业的产能利用率水平较低时，表明企业存在资源的浪费和闲置，机器设备开工率不足，资源配置效率较低；反之，当企业的产能利用率较高时，表明企业可以高效地利用资源，企业库存较少，资产周转速度较快，资源配置效率较高，同时较低的库存也大大降低了库存管理成本，提高企业利润。需要注意的是，企业的产能利用率并非越高越好，韩国高等（2011）指出，产能利用率超过 90%被视为产能不足，表明企业生产设备超负荷运转；如果产能利用率在 79%以下，则意味着出现产能过剩。产能过剩最直接的后果是产品价格大幅下降，产成品库存增多，企业绩效大幅降低，亏损企业增加。鉴于中国制造业企业产能过剩问题的普遍存

在，产能利用率存在较大的提升空间。中观层面的产能利用率反映了行业的实际产出占最优生产规模的比值，行业产能利用率低反映了行业的“投资潮涌”现象，大量资源被闲置未得到有效利用，资源配置效率低下。宏观层面的产能利用率与社会总需求紧密相关，产能利用率低表明生产能力没有得到充分利用，经济活动低于正常产出水平，反映了宏观层面的资源配置效率低下。综上所述，提高企业产能利用率意味着资源配置效率得到提高，市场绩效得到提升，因此，产能利用率是市场绩效的反映。

二、内生增长理论模型的应用

借鉴 Wang 和 Zheng（2022）的研究，本书通过应用内生增长模型构建数字技术应用影响企业产能利用率的理论模型。从新古典增长理论到内生增长理论，经济增长理论演进的关键是将技术进步视作外生向内生的转变。在 Romer（1990）看来，技术变革增加了最终产出。劳动（φL）和中间产品 $\left(\sum_{i=1}^{N} X_i\right)$ 用于生产最终产品。首先将柯布—道格拉斯生产函数扩展为：

$$Y_t = (\varphi L_t)^{1-\alpha} \times \int_0^N X_i^{\alpha} di \tag{3-1}$$

将资本投入改写成了技术变革之后中间产品的增加。式（3-1）中，N 为中间产品数量，N 的增加反映了技术的变化，N 被解释为数字技术应用，数字技术应用催生了新产业、新业态、新模式，产生更多的生产环节，从而出现更多的中间产品类别。假设使用相同数量的中间产品，则将式（3-1）转化为：

$$Y_t = (\varphi L_t)^{1-\alpha} \times N\overline{X}^{\alpha} = (\varphi L_t)^{1-\alpha} \times (N\overline{X})^{\alpha} \times N^{1-\alpha} \tag{3-2}$$

式（3-2）中，$X = N\overline{X}$ 表示中间产品的总量。固定规模报酬适用于劳动力（L）和中间产品总量（NX）。$N^{1-\alpha}$ 使最终产量（Y）随着中间产品数量的增加而增加。当假定 $N\overline{X}$ 固定时，N 越大，表示 $\overline{X}$ 的水平越低，每一种下降的中间产品的边际产量就会增加。

数字技术应用对最终产出的正向影响除了由中间产品产生递增的边际效应，还有来自研发部门不断积累的技术（知识）的边际递增效应。这可以通过式（3-3）中新中间产品的生产率参数（B）来反映：

$$\dot{N} = B(1-\varphi)LN \tag{3-3}$$

$\dot{N}$ 是新中间产品的数量。在研发部门中，$\dot{N}$ 是由劳动（L）、中间产品（N）

和技术变化的积累（B）所决定的。技术变革在这里被解释为数字技术应用的结果。结合这一内生增长模型，本书认为数字技术应用有助于增加新中间产品的数量［式（3-3）］，并且新的中间产品带来不断增长的生产力［式（3-2）］。对产能利用率（CUR）进行进一步扩展，设置如下：

$$CUR = Y_t / \bar{Y}_{max,t} \tag{3-4}$$

在式（3-4）中，$\bar{Y}_{max,t}$ 是采用最先进的技术，使用固定劳动力和中间产品所获得的潜在最大最终产量，可以作为生产前沿。因此，数字技术应用增加了最终产出（Y_t）和产能利用率（CUR）。

根据上述理论模型推导，本书提出理论观点：数字技术应用可以提高企业产能利用率。

第二节　数字技术应用对制造业企业产能利用率的影响机制分析

一、数字技术应用的投资改善机制分析

数字技术应用可以增加企业预测准确性，提高投资效率。企业在进行投资决策之前，需要充分收集市场信息。企业在收集信息的数量和质量以及根据已获信息进行预测的能力上差别显著，企业的数字化转型水平在很大程度上造成并拉大了企业间的这种差异（王永进等，2017）。数字化水平高的企业，能够有效地运用先进数字技术开展调研和投资研究，不但能够获取比较精确的信息数据，而且能够较为正确地做出决策，并以此为依据进行投资，减少由于投资失败带来的资本损失（Wigand 等，1997；Li 等，2011）、提高投资效率，进而提高产能利用率。相比之下，数字化水平低的企业可能在信息收集、分析和预测能力方面存在一定的欠缺，这会导致其在投资决策时存在一定的不确定性和风险（Liu 和 Lio，2024）。

通过数字技术应用，企业可以更好地利用大数据分析、人工智能、云计算等工具和技术，对市场进行深入挖掘和分析，快速捕捉市场变化，把握投资机遇。数字化水平高的企业能够迅速获取、整理和分析大量的市场数据，准确把握市场

需求与动态，更加精确地预测市场发展趋势和消费者行为，从而降低投资风险并提高投资效率。数字化水平高的企业还可以借助数字技术构建智能化的投资模型和决策系统，通过算法和模型对投资方案进行优化和评估，帮助企业在决策过程中避免主观偏差和误判，提高决策的科学性和准确性。通过数字化的手段，企业可以更好地管理和分析投资组合，优化资金配置，实现投资效益的最大化，最大限度地提高产能利用率。

数字技术应用能够抑制因企业内外部信息不对称以及管理层和股东的委托代理问题导致的过度投资，从而提高投资效率。数字技术能够强化信息生产和传输效率，为资本市场投资者提供大量低成本信息，有效改善信息环境。数字技术应用大幅提升了企业对数据的处理和挖掘水平（吴非等，2021），在企业内部和外部两个层面有效缓解信息不对称程度（易露霞等，2021），有效提高投资准确性，减少过度投资，从而缓解产能过剩问题（陈少凌等，2021）。在信息环境更加透明的情况下，企业大股东及外部利益相关者可以更容易地获取企业信息，进而增强对管理层的监督能力，有效约束管理层行为，减少管理层出于自利动机的非理性决策，有效缓解其过度投资行为，提高投资效率，从而提升企业产能利用率。数字技术应用能够通过提供全面实时的数据和信息，消除企业内外部信息不对称的问题，从而帮助管理层更准确地判断市场需求、预测风险、制定投资决策。此外，数字化的管理系统和智能化的分析工具可以帮助企业管理层监控和控制投资过程，减少委托代理问题带来的机会主义行为和资源浪费。同时，数字技术还能提供精细化的数据分析和模拟实验平台，帮助企业进行风险评估和投资效果预测，以减少不必要的投资风险和降低过度投资的可能性。因此，数字技术的应用可以提高投资效率，使企业的投资更加精准和有效，进而提高产能利用率。

市场失灵理论认为，产能过剩源于信息不对称，企业容易对某些产业的未来发展形成共识，导致对该产业的集中投资，形成投资的“潮涌现象”（林毅夫，2007；林毅夫等，2010）。产能过剩的本质是“事前”建立的生产能力与“事后”产出的偏离。其核心在于企业需要在信息分布不均匀、不完全的市场环境下事先做出产能投资决策，再根据市场实际需求情况进行实际产量投资决策。企业在信息不对称情况下会产生过度投资（Bebchuk 和 Stole，1993），数字技术的出现有效缓解了信息不对称问题，有利于企业把握市场环境变化，动态调整投资决策，减少企业面临跨期决策时，为应对宏观经济波动或抵御潜在竞争对手而主动保留闲置生产要素的“窖藏行为”，抑制“投资潮涌”现象的出现，从而化解产能过剩，提高产能利用率。另外，数字技术应用提高了企业信息披露透明度，有效降低了外部投资者、分析师等的信息搜寻成本（Gomber，2018），为市场关注企业的经营、生产状况提供了便利（Liu 等，2011），有利于外界投资者更充分地了解企业相关信息，有效引导市场预期，缓解信息不对称问题，提升企业投资效率。信息披露透明度的高低，将直接关系到资本市场的有效资源配置和投资者保护（王俊秋和张奇峰，2009）。提高企业的信息透明度，有助于投资者最大限度地利用企业的稀缺资源（董斌等，2020）、削弱投资者和企业之间的信息不对称、减少非效率投资（任春艳和赵景文，2011）。

企业应用数字技术还可以通过改善信息环境缓解委托代理问题。公司内部存在着两权分离导致的委托代理问题，其中，大股东与管理层间的委托代理问题会对管理层的投资决策产生影响。企业大股东以追求利润最大化为首要目标，而管理层的目标与此并非完全相同，管理层的自利动机会导致管理层为一己私利而进行过度投资（魏明海和柳建华，2007），导致产能过剩。数字技术的应用改善了信息不对称，缓解了大股东和管理层的代理问题，减少了管理层的非理性投资决策。已有文献指出，互联网技术的普及，能够对管理层可能存在的委托代理问题产生治理效应（曾建光和王立彦，2015）。在数字化背景下，数字技术的应用有利于企业利益相关者获取公司投资信息，提高审计师的审计效率和质量（张永珅等，2021），有助于增强公司的外部监督，对管理层的决策进行约束，有效地限制其投机行为，减少其非理性的投资决策（李英利和谭卓梦，2019），从而提高企业的产能利用率。

通过上述理论分析，本书提出以下理论观点：企业应用数字技术能够增加企业预测准确性、改善企业的信息环境，有利于管理层进行理性决策、提高投资准确性，从而提高产能利用率；企业应用数字技术改善了企业内外部的信息不对称，提高了投资效率，进而提高产能利用率；企业应用数字技术缓解了委托代理问题，提高了投资效率，进而提高产能利用率。

二、数字技术应用的企业柔性机制分析

数字技术应用有助于企业快速响应不断变化的环境和业务需求，提高企业的灵活性和敏捷性（Babiceanu 和 Seker，2016），即企业柔性（Gupta 和 Goyal，1989；Upton，1995），从而提高企业的产能利用率。企业柔性的实质是企业面对内外部环境变化时的调整能力（Buzacott 和 Mandelbaum，1985；Gupta 和 Goyal，

1992）。企业需要在环境变化时调整自身的生产、销售和管理，尽可能减少资源浪费，提高产能利用率，降低冲击造成的影响。

数字技术应用在提升企业柔性方面发挥着关键作用。通过数字技术应用，企业可以快速获取并分析大量的数据信息，从而及时了解市场需求、竞争动态以及供应链情况等，为企业决策提供科学的依据。例如，企业可以利用大数据分析和预测模型来预测市场趋势和客户需求，从而及时调整生产计划和供应链管理，避免过剩或供应不足的情况发生，提高产能利用率。数字技术还可以帮助企业优化内部流程和管理，实现生产、销售和管理的自动化和智能化。企业可以灵活调整生产线布局，实现按需生产和个性化定制，提高生产效率和产品质量。例如，企业可以利用物联网技术实现设备的连接与监测，实现设备的实时监控和远程管理。此外，数字技术还可以促进企业内部不同部门之间的信息共享与协同，降低沟通成本，提高协作效率。例如，企业利用云计算和协同平台，实现团队的协作和信息共享，提高决策的准确性和效率。数字技术还可以促进企业与供应商和客户之间加强联系，使其建立更紧密的合作关系，提高供应链的敏捷性，加快响应速度。因此，数字技术的应用有助于企业更好地应对环境变化，提高企业灵活性，进而提高企业的产能利用率。

在生产环节，数字技术的应用使企业在产品设计与生产方面具有更大的灵活性，从而改变了传统的流水线生产模式，大大缩短了生产周期。当遭遇需求冲击时，企业能更快地根据市场变化进行调整，提高企业应对冲击的能力（Suarez等，1995；Nightingale等，2003），即提高企业柔性。数字化生产活动聚焦使用价值供给，下游精准化的销售模式“倒逼”上游的生产体系变革，模块化、柔性化的生产模式逐步取代工业化时代单一、批量化的生产模式（戚聿东和肖旭，2022）。与此同时，数字化和智能化制造使企业的生产效率和产品质量得到提升，借助数字工厂和数字平台，构建了一个由上下游供销商和企业协同发展的生态系统，有效激活了闲置产能，从而提高企业的产能利用率（赵西三，2017）。数字技术在生产环节的应用，可以极大地改善生产过程的效率和精确度。通过数字化的生产计划与管理系统，企业能够更加准确地预测和安排生产任务，避免资源浪费和生产过剩。此外，数字技术的应用还可以实现生产过程的自动化和智能化，有效降低人力成本并提高生产线的运行稳定性和灵活性。例如，在物流和仓储环节，企业可以借助数字技术来优化货物配送和仓储管理。通过物联网技术，企业可以实时监控货物的运输进程和仓库存储情况，减少运输时间和成本，提高货物转运效率。此外，利用大数据分析和人工智能算法，企业可以精确预测市场需求，做出更加合理的库存管理决策，避免过多或过少的库存，从而提高产能利用率。另外，数字技术还可以应用于生产过程中的质量控制和故障诊断。企业可以借助传感器、机器视觉等技术实时监测生产设备的运行状态和产品的质量指标。一旦发现异常情况，数字系统会及时报警，减少次品率和生产中断时间，提高产品质量和生产效率。

在销售环节，数字技术的应用拓展了销售范围，降低了供需双方间的信息不对称（Lindbeck 和 Wikstrom，2000），提高企业在销售环节的资源匹配效率，降低企业的交易成本，同样减少需求冲击造成的影响，提升了企业柔性，进而提高企业产能利用率。在人工智能、大数据、云计算、区块链等数字技术中，结构和非结构化的数据拓展了数据挖掘空间，企业在传统的市场之外能够挖掘出长尾需求（何帆和刘红霞，2019），激活企业的闲置产能。企业应用数字技术可以获得消费者信息和偏好，有利于开展个性化生产和服务（雷辉等，2021），增加消费者黏性，形成竞争优势，扩大市场份额。另外，数字技术的应用使制造业企业业务多元化，从而可以提高企业应对环境变化的抵御能力。并且，数字化的销售过程可以更好地满足客户需求，企业通过数据分析和预测，能够精准地进行市场定位和营销策略制定。同时，数字化销售还能够实现在线购买和交易，方便快捷的电子支付方式极大地提升了销售速度和效率。此外，数字技术还为销售人员提供了更多的工具和资源，如 CRM 系统、销售自动化软件等，帮助他们更好地管理客户关系、跟进销售机会，并提供个性化的售前、售后服务。总之，数字技术的应用使销售环节更加智能化、高效化，促进了企业产能利用率的提升。

在管理环节，数字技术的应用能够促进企业的扁平化管理，提高了管理效率（Milgrom 和 Roberts，1990）。管理效率代表了企业的组织经营能力，企业管理效率的改善能增强其根据自身及外部环境条件适时调整生产决策的能力，提升企业柔性，从而提高产能利用率。数字技术的应用节约了劳动力之间的交流时间，提高了员工的工作效率，减少了管理费用，提高了公司的运行效率，改善了企业内的资源分配。人工智能、大数据、云计算等技术的应用能帮助企业管理层优化决策，企业也可以实时对风险进行测度和防控，有利于企业在面对内部和外部环境变化时做出迅速响应。数字技术对会计信息管理的影响改变了企业对传统信息的管理依赖，现如今很少有业务或管理控制流程脱离数字技术（Bhimani，2020）。数字技术的应用使企业管理更加高效和灵活，通过自动化、智能化的方式实现信

息的快速传递和数据的准确分析，使决策者能够更及时地获取各类关键信息，从而做出更明智的决策。这种高效的管理模式促进了企业内部各层级之间的信息流通和协作，消除了冗余环节和信息壁垒，提高了管理的透明度和及时性。此外，数字技术的应用还为企业打破时间和空间的限制提供了可能。通过云计算和远程办公的方式，员工可以在任何时间、任何地点访问和共享企业资源，提高了工作的效率和灵活性，同时降低了企业的成本和风险。

通过上述理论分析，本书提出以下理论观点：企业应用数字技术提高了企业柔性，在面对需求冲击时，企业可以快速反应和调整，进而提高产能利用率；企业应用数字技术通过缩短生产和设计周期、拓展销售范围、提高管理效率，提升了企业柔性，进而提高了产能利用率。

三、数字技术应用的创新激励机制分析

数字技术的应用推动了企业创新（Nambisan 等，2017；陈剑等，2020），通过减少低端产能供给、增加高端产能需求，从而提高企业产能利用率（李后建和张剑，2017；刘帅等，2021）。中国的产能过剩现象表现为“低端产能过剩、高端产能不足”，这与创新水平落后有着密切的关系（王立国和高越青，2012）。落后技术在产能过剩的形成阶段导致低门槛行业重复投资，在产能过剩的治理阶段，限制了产业结构调整和产品出口，造成行业产能过剩。随着经济发展进入新常态，创新能力强的企业不再简单地扩大生产规模、加大资本要素的投入，改变了企业长期以来形成的投资冲动，从而减少了重复建设，抑制了“投资潮涌”现象的出现，能有效减少过剩产能的形成。张国胜等（2021）指出，在数字技术与实体经济深度融合的背景下，数字技术在企业中的应用既使企业原有的生产要素得到优化和重构，还产生了新的生产函数。数字技术的应用拓展了企业的生存空间，优化了创新要素配置（韦庄禹，2022），提高了企业的创新能力，从而能有效缓解产能过剩问题。数字技术应用重构了价值创造体系，并超越了诸多创新理论的经典假设（Tilson 等，2010；Hylving 等，2012；Nambisan，2017）。数字技术的应用助力企业突破技术瓶颈，推动企业更新技术、探索新知识，加速形成创新创业生态。数字技术通过技术创新赋能，促进闲置资源的有效利用，持续优化企业的创新活动，有利于实现市场价值的最大化（邢小强等，2019）。数字技术可以深挖消费端数据，准确识别消费者偏好，获得消费者反馈，从而满足消费者个性化需求（陈岩等，2020），有助于企业准确识别新产品开发的市场机会，

以此减少企业对新产品未来市场需求不明确的顾虑，推动企业开展技术创新活动。技术进步加快了新产品的出现，新产品凭借高效的生产制造流程、更高的技术含量和产品质量、更稳定的产品性能加快了落后产能的淘汰。企业通过创新不断地满足顾客多元化的市场需求，适应竞争激烈且变化迅速的市场环境，进而可以缓解产能过剩问题。在当前供给侧结构性改革的背景下，通过供给端的创新，能够更高效地释放市场需求，从而消化企业的过剩产能。

数字技术还可以推动企业进行跨界合作和创新。通过互联网的连接和数字平台的搭建，企业可以与其他企业、供应商、合作伙伴进行快速而无缝的合作，共同开展创新项目。这种合作模式不仅有助于优化资源配置、降低成本，还能够促进知识与技术的共享、推动跨领域的创新。企业之间的跨界合作和创新可以促进资源的集约利用，提高生产效率和产品质量。通过数字技术的应用，企业可以更加便捷地寻找合作机会，并在合作中共享知识、技术和市场信息。这种合作模式有助于发挥企业之间的互补效应，促进技术交流和传播，推动不同领域间的创新与合作。尤其是对于中小企业来说，跨界合作和创新可以帮助其快速融入创新链条，共同开展研发和创新项目，提升竞争力和市场份额。因此，数字技术应用为企业提供了全新的合作方式，将是推动企业跨界合作和创新、促进经济发展的重要驱动力量。

数字技术应用可以帮助企业实现创新的增量。通过引入各种数字技术工具和平台，企业可以改进传统的业务模式，提高生产效率和产能利用率。例如，企业可以采用自动化生产线来减少人力资源的浪费，并提高生产效率。同时，数字技术还可以帮助企业优化供应链管理和物流运作，实现资源的高效配置和利用。此外，数字技术还可以提供更加智能化和个性化的产品和服务。通过将物联网技术和人工智能应用于产品设计和开发过程中，企业可以根据客户需求进行定制化生产，并快速推出新产品和服务。这种增量创新的方法不仅可以提高企业的市场竞争力，还能够满足不断变化的客户需求。

数字技术应用能够促进企业创新的提质。数字技术的应用可以帮助企业提高决策质量和准确性。通过数据收集和分析，企业能够了解市场趋势、竞争对手动态以及客户需求，从而做出更加明智和科学的决策。例如，利用大数据分析工具，企业可以追踪客户行为和购买模式，进行个性化的推荐和定制化的广告传播，提高营销效果。此外，数字技术还可以帮助企业改善内部管理和运营，提升效率和质量控制。通过引入基于云计算和物联网技术的生产管理系统，企业能够

实现实时监测和追踪生产过程，及时发现和解决问题，提高产品质量和工作效率。另外，数字技术应用还能够促进企业创新的扩展。数字技术的发展和应用不断带来新的商业模式和机会。通过数字技术的应用，企业可以开启新的领域和行业，创造更多的商机。例如，人工智能技术的广泛应用，使企业能够将其应用于各个领域，从金融、医疗到教育、交通等。这种数字技术的扩展，不仅为企业带来新的利润来源，还能够帮助企业实现更多元化的发展战略。

中国目前正稳步推进制造强国建设，数字技术在制造业企业中的应用有助于构建面向制造业全产业链和全社会的开放式创新体系，创新资源的配置效率得到提高，制造业企业的技术创新水平得以提升（杜传忠和张远，2021）。新兴的数字技术可以整合既有研发资源、改善创新流程、提高创新效率（Gopalkrishnan，2013）。技术创新是一项资源投入巨大的活动，企业技术创新的核心是企业内部和外部资源的有效协调。企业自身的资源已经无法满足其创新的需求，所以在技术创新的过程中，企业会逐步寻求外部的资源支持。数字技术的应用提高了企业获取外部资源的能力，推动了创新组织间的合作，有利于企业低成本获取异质性知识，从而提高了企业的知识宽度，增加了企业高质量技术创新供给（Lytinen等，2016；Ciriello 等，2018；张国胜等，2021）。技术创新的投资周期较长，且存在着诸多不确定因素，特别是高质量技术创新所需成本高昂，而数字技术应用可以加快知识的低成本渗透，有效减少企业技术创新试错成本（韩先锋等，2019），从而推动技术创新的量与质的提高。

通过上述理论分析，本书提出以下理论观点：数字技术应用能够促进企业创新的“增量提质”，从而提高企业的产能利用率。

四、数字技术应用的人力资本机制分析

数字技术应用能够提升企业人力资本水平，从而提高产能利用率。企业应用数字技术通过改进生产制造流程解放了生产力，企业员工得以进行创造性的思维工作，提升了企业人力资本水平。同时，数字技术的应用替代了低技能劳动力，增加了高技能劳动力的使用，企业资源的使用效率得到提高，产能利用率得以提升。中国经济增长前沿课题组（2015）指出，企业人力资本升级有助于化解产能过剩问题。人力资本升级可以优化产业结构，催生新产业、新业态、新模式，创造新的消费需求，加快形成新的供需关系，缓解供给与需求间的不匹配（Hanlon，2008），从而有效化解过剩产能，提升产能利用率。刘航和孙早（2014）指

出，中低端制造业仍是中国制造业体系的主要构成部分，政府将大量的劳动力配置在产能过剩产业，以稳定就业，从而导致低技能劳动力充斥市场，收入分配结构呈现低技能化，有效需求不足，产能过剩问题进一步恶化。数字技术的出现为解决这一问题提供了新思路。

数字技术应用主要通过劳动力“替代”效应和劳动力“互补”效应影响企业的产能利用率。劳动力“替代效应”是指在企业价值链持续攀升的过程中，低技能劳动力被自动化和智能化的机器替代（孙湘湘和周小亮，2018），高技能劳动力占比增加，企业人力资本结构得到优化，有利于技能和知识在企业价值链各环节的融入，优化了企业生产组织流程，提升了企业资产周转率，从而提高了企业的产能利用率。劳动力“互补效应”是指，数字技术的发展催生了新产业、新业态、新模式，创造了大量的岗位需求。技术的变革对劳动者提出了更高的技能要求，企业应用数字技术可以优化企业劳动力结构，数字技术和高技能劳动力结合可以发挥更大的效用，从而有效提升企业的产能利用率。

数字技术的应用为员工提供了更多机会来提升技能和发展潜力。通过在线学习平台和虚拟培训课程，企业可以为员工提供灵活的学习途径。无论是专业知识的更新、技能的提升，还是职业道路的开拓，数字技术都为员工提供了便捷的渠道。员工可以根据自己的需求选择适合的学习内容，灵活安排学习时间，并在需要时随时获得支持和指导。这样的学习环境有助于提高员工的技能水平和专业知识素养，适应快速变化的市场环境，进而提升企业的人力资本水平。另外，数字技术应用改善了企业内部的沟通和协作效率。传统的办公场所通常存在信息传递和协作效率低下的问题，而数字技术的应用，如在线协作平台、即时通信工具等，使员工可以随时随地进行沟通和协作，促进了信息共享和团队合作，提高了工作效率和质量。这样的数字化工具不仅改善了内部的办公效能，还促进了团队合作和知识共享，也为员工的学习和发展提供了更多交流和合作的机会，对提升企业的人力资本水平起到积极作用。

此外，数字技术应用拓宽了员工的职业发展渠道。传统的职业发展通常受到时间和空间的限制，而数字技术的应用打破了这些限制，使员工可以更加灵活地选择和发展自己的职业。例如，通过远程办公、项目合作等方式，员工可以与全球各地的团队合作，拓宽自己的视野和职业发展机会。同时，数字技术应用也为员工提供了更多创新和创业的机会，如借助社交媒体平台和电子商务等，员工可以展示自己的才华和能力，创造出属于自己的职业发展道路。数字技术应用也为企业提供了更广阔的人才招聘渠道。通过在线招聘平台和社交媒体等，企业可以更加灵活地发布招聘信息，吸引全球范围的人才。同时，数字技术的应用还使企业能够更加全面地评估候选人的能力和潜力，通过各种数据分析工具和人才管理系统，提高招聘的精准性和效率，从而获得更好的人才配备，进一步提升企业的人力资本水平。

在经济运行过程中，当供给与需求不匹配时，会造成社会资源的浪费与非效率配置，则会出现产能过剩。中国目前产业结构调整滞后、有效需求不足，促进人力资本升级可以带来产业结构调整、增加有效供给，进而劳动者收入得到提高，可以增加有效需求，缓解供需不匹配问题，从而化解产能过剩。Romer（1989）指出，高技能人力资本可以加快知识密集型产业的发展，企业产品的技术复杂度得到提高，也提升了企业技术创新水平，有利于企业提高产能利用率。广义人力资本的积累可以促进生产模式和消费模式的一体化、优化经济结构、改善供需关系，有助于淘汰落后产能（中国经济增长前沿课题组，2015）。Acemoglu 和 Zilibotti（2001）指出，技术人力资本体现了企业的学习能力，高技能劳动力技术适配性强，可以高效地吸收先进技术、改造传统工艺、优化企业生产组织流程，从而能提升产能利用率。此外，企业增加技术人力资本投入可以改善成本结构，减少部分生产性投入，在一定程度上抑制了产能的继续扩张，有助于缓解产能过剩现象。

经过上述理论分析，本书认为：企业数字技术应用的劳动力“替代”和劳动力“互补”效应影响企业的劳动力需求和劳动力结构，提升了企业人力资本水平，从而提高了企业产能利用率。

第三节　数字技术应用影响制造业企业产能利用率的异质性分析

一、基于企业融资约束的异质性分析

融资是指为承担超出现金支付能力的支出而采取集资的货币交易手段（王昕，2000）。根据经典 MM 财务理论，在完美资本市场假设前提下，企业选择何

种融资方式都不会影响企业价值，但却忽视了企业的筹资成本、利息、委托代理成本等问题，导致 MM 理论受到现实的挑战，企业出现融资约束的难题。

企业面临融资约束时，管理者不得不退出或推迟部分有潜力的正净现值项目（Hubbard，1997；Biddle 等，2009）。企业融资约束大，表明其自我调整与优化产能配置的水平低，更容易出现产能过剩问题。企业产能利用率的高低取决于企业的竞争策略及其所处行业的需求状况。企业必须不断更新迭代产品或改进生产工艺才能更好地适应市场的竞争、需求的转变和技术的进步，这需要企业注入大量的资金来支撑市场调研活动、研究与开发活动以及培训熟练员工等。企业在融资约束紧张时无法满足这些活动的资金需求，导致企业的竞争力下降，生产能力无法充分利用，产能利用率降低。

当企业面对较高的融资约束时，企业的生产策略较为审慎，此时企业投入的产能意味着占用流动资金，资金流的收紧加大了企业库存周转的压力，如果库存周转困难而导致大规模的库存积压，企业将面对资金短缺的经营风险。所以，企业将偏向以销定产以减少风险，此时企业的产能利用率相对较低。相反，融资约束较低的企业，融资较为便利，融资成本相对较低，企业资金流较为充裕，库存周转压力较小，企业可以更好地利用产能。更充裕的资金流使企业可以投放更多销售费用，进而减少库存积压的风险，加速企业的资金周转，形成良性循环，进而提高企业的产能利用率。对于制造业企业，通过减少政府对私营企业的信贷歧视、提高企业的融资能力，可以增加企业的出口可能性，提升企业的竞争力（文东伟和冼国明，2014）。

融资约束较低的企业通常具有更多的资本和资源可供投入，可以更轻松地进行数字化改造和创新。融资约束较低的企业能够更容易地获取到资金用于数字化投入。数字技术的应用需要投入大量的资金用于设备、软件、培训等方面。融资约束较高的企业由于资金短缺可能无法有效地进行必要的数字化投入，从而限制了其去产能的效果。同时，数字技术的应用需要具备相关技能和知识的人才来推动和实施。融资约束较低的企业有更多的能力提供具有竞争力的薪酬和福利以及良好的发展机会，从而能够吸引和保留高素质的数字化人才。而融资约束较高的企业可能无法提供与之匹配的条件，难以吸引和留住这些关键人才，从而影响了数字化的推进效果。此外，融资约束较低的企业还能够更加积极地进行创新和尝试。数字技术的应用不仅仅是简单地引入新技术，还需要企业进行组织和流程重构，甚至可能改变产品和服务的方式。这种转型过程可能会面临一定的风险和不

确定性。融资约束较低的企业有更多的资本和资源可以用来支持这种创新和尝试，更容易承担风险。相比之下，融资约束较高的企业可能因为财务压力而不敢轻易进行创新，限制了其去产能的效果。

经过上述理论分析，本书认为：相比融资约束较高的企业，融资约束较低的企业应用数字技术去产能的效果更好。

二、基于企业所处生命周期的异质性分析

Haire（1959）首次提出了企业生命周期的概念，指出企业作为社会经济组织，也会经历由盛转衰的过程。Gardner（1965）随后指出，虽然企业与生物一样具有生命周期，但企业的生命周期相比生物学上的生命周期具有特殊性质。随后的研究也对企业生命周期做出了各种界定，但一般认为包括初创期、成长期、成熟期和衰退期这四个主要时期。处于不同生命周期的企业在经营决策、投融资决策、战略决策、资产定价等方面均具有较大差异（梁上坤等，2019）。对于处于不同生命周期阶段的企业而言，数字技术的应用效果呈现异质性。企业在应用数字技术时，需要结合自身的实际情况和发展阶段，根据具体需求和能力进行选择和实施。

对于初创期或新兴企业来说，数字技术应用可以为其提供重要的支持和竞争优势。通过使用先进的生产管理系统和自动化设备，初创企业可以快速部署生产线并提高产能利用率。数字技术还可以帮助企业进行市场调研和产品研发，优化供应链和销售环节，提高生产效率和销售能力。另外，初创期的企业，企业的影响力较小，产品的市场占有率较低，融资约束较高。企业在该阶段的主要任务是解决生存问题。在这一时期，企业主要是要扩大市场占有率、开发产品，而数字技术应用又需要高昂的成本，因此企业应用数字技术的积极性不高，无法很快融入数字化浪潮，所以，数据技术的应用对初创期企业的产能利用率的提升效果不明显。

对于成长期的企业来说，数字技术应用可以帮助企业更好地管理和扩展生产能力。通过物联网技术和大数据分析，企业可以实时监测和管理生产设备，提早预测设备故障并进行维护，避免生产中断。此外，数字技术还可以优化生产计划和资源配置，降低生产成本，提高产能利用率。处于成长期的企业，其规模得到扩张，企业的影响力和产品的知名度得到提升，市场份额增大。但在该阶段，企业也面临着进一步开拓市场的外部融资压力，企业内部的委托代理问题在该时期

较为突出（李英利和谭梦卓，2019）。处于成长期的企业具备了一定的经济实力，可以较好地顺应数字化的趋势。企业通过数字技术应用可以增强数据收集与分析能力、改善企业资产结构、提升企业运营效率，进而推动企业产能利用率的提高。

对于成熟期的企业而言，数字技术的应用主要集中在供应链优化和智能制造方面。通过数字化的供应链管理系统，企业可以实现供应链上下游各环节的数据共享和协同合作，提高供应链的效率和产能利用率。同时，通过引入智能制造技术，如人工智能和机器人技术，企业可以实现自动化生产和灵活生产，提高生产效率和产能利用率。当企业步入成熟期，已具备了较为健全的组织结构与公司制度，并占据了有利的市场竞争地位（李冬伟和李建良，2012），但此时，企业内部的股东和管理层之间的委托代理问题会更加突出。数字技术应用可以有效减少信息不对称，缓解企业的委托代理问题。成熟期的企业加大数字技术的应用可以减少管理层的自利行为、有效抑制管理层的非理性决策（李小忠，2021），推动企业产能利用率的提高。

当企业进入衰退期时，市场占有率企业下降导致利润率下降，经营风险增加。与此同时，企业的代理问题也越发严重，企业面临着被市场淘汰的风险，陷入困境。但根据前景理论，企业决策者可能会采取冒险决策，通过应用数字技术进行战略转型，解决企业产能过剩问题。

经过上述理论分析，本书认为：对处于不同生命周期阶段的企业而言，数字技术应用对产能利用率的影响存在异质性。

三、基于企业所有权性质的异质性分析

企业的产权性质不同，其发展战略和经营决策也存在显著差异。国有企业作为国家在经济领域的代表，承担着推动国家经济发展、维护国家利益和公共利益的使命。因此，国有企业在发展战略和经营决策上更倾向于扩张产能。扩张产能是国有企业实现国家经济增长目标的重要手段之一。国家经济的健康发展需要大量的基础设施建设和支柱产业的发展，这就需要国有企业投入大量资源和资本来扩大产能，从而推动经济的持续增长。扩张产能也是国有企业保障国家安全和增进国民福祉的重要举措。作为国家经济的支柱力量，国有企业在重要领域的产能扩张可以保障国家的自给自足能力，降低对外部供应的依赖度。同时，国有企业通过扩大产能，可以提供更多就业机会，稳定社会就业形势，促进社会稳定，增

进人民福祉（黄速建和余菁，2006）。

在国有企业中，政府、国有企业自身以及管理层之间的委托代理关系更为复杂，国有企业管理层扩张产能的倾向明显，容易形成产能过剩，产能利用率低下。另外，国有企业管理者对产能扩张的偏好提升了企业的退出壁垒，使企业的产能存在“棘轮效应”，规模难以缩减（贺京同和何蕾，2016）。Fan 等（2007）认为，国有企业的高管角色往往具有双重属性，并且其官员角色特征浓于职业经理人特征，带有行政属性的国有企业承担着维持其现有员工和提供更多就业岗位的任务，从而导致国有企业过度投入劳动要素，引发产能过剩。范林凯等（2015）鉴于政府对国有企业和非国有企业的干预程度不同，指出国有企业受政府行政干预的影响更大，造成国有企业相对的低效率和产能过剩。国有企业天然的政治联系导致其投资行为受到更大程度的政府干预（陈艳艳等，2012），为了配合地方政府实现政策目标，国有企业往往按照政府政策要求来制定经营决策，从而会弱化数字技术对企业产能利用率的积极影响。

经过上述理论分析，本书认为：不同所有权性质的企业，数字技术应用的去产能效应存在异质性。

四、基于企业技术密集度的异质性分析

技术密集度是指企业在生产和经营过程中所使用的技术水平和程度。不同产业之间的技术密集度有很大的差异。一些高科技产业如计算机、通信和其他电子设备制造业等通常具有较高的技术密集度，而一些传统产业如农副食品加工业、食品制造业等技术密集度相对较低。因此，在分析技术密集度时需要考虑企业所处产业的特征。技术密集度与企业的创新能力密切相关，如果企业拥有强大的研发实力和技术创新能力，往往能够应用更先进的技术，技术密集度较高。不同技术密集度的企业在生产过程中所使用的技术、设备和流程不同，数字技术应用对它们的影响也会有所差异。

高技术密集度的企业通常采用先进的技术和设备，在数字技术应用方面更具优势。这类企业可以将数字技术应用于智能化制造、自动化生产和虚拟仿真等领域。通过使用先进的传感器和机器人技术，企业可以实现更高程度的自动化生产，减少人为错误和生产停机时间，提高产能利用率。同时，利用虚拟仿真技术，企业可以在产品设计和生产之前进行精确模拟和优化，避免资源和时间浪费，实现更高的生产效率。通过数字技术应用，企业可以实时监控生产流程和设

备状态，识别生产潜在问题，并进行及时干预，从而提高生产效率和产能利用率。

高科技企业具有知识密集和技术密集的特征，致力于高新技术及其产品的研究与开发。数字技术的应用作为新时代下的前沿阵地，是高科技企业关注并投入的重点领域。数字技术的应用需要较强的创新基础支撑，而高科技企业能够有效满足数字技术应用所需要的创新技术条件，能够切实将数字技术深度嵌入自身的组织架构、决策体系和生产流程中（吴非等，2021）。高科技企业在数字技术应用上的主动意愿与客观基础条件，决定了其在数字技术应用进程的推进上更加有效，也更能带来产能利用率的提升。高科技企业由于自身所处行业的特性以及对先进理念和技术的接触较多，普遍处于较高等级的数字技术应用水平。并且高科技企业对数字技术的吸收有着天然的优势，相比非高科技企业，数字技术应用的效果更为明显，对于企业过剩产能的化解和产能利用率的提升具有更大的优势。

低技术密集度的企业通常采用传统的生产工艺和设备，数字技术应用相对较少。由于缺乏数字技术的支持，传统的生产工艺和设备往往无法提供高效的生产流程和自动化操作。这使企业在生产速度、质量控制和物流管理等方面存在困难和瓶颈。低技术密集度企业在数字技术应用方面欠缺，很难利用数字化手段获得市场洞察、提升产品创新和增强客户体验，从而限制了企业的竞争能力。

然而，中国传统产业企业的数字技术应用有着得天独厚的应用场景、广阔的市场空间和强劲的内生动力，推动数字技术与实体经济的深度融合，是中国政府推动数字经济发展的重要战略举措。通过传统产业与数字技术深度融合，加快产业数字化步伐，成为经济数字化转型的基本模式（陈晓红等，2022）。传统产业企业应用数字技术打破了传统线性流程彼此孤立的局面，优化了内部生产流程，有效减少了生产资料的浪费，能更加精准地对市场需求进行预测，加速企业的资产周转速度，有效化解企业过剩产能。与此同时，相比高科技企业，传统企业的发展和决策导向对数字化转型的把握不足，进行数字技术应用的技术基础条件较差。若强行应用数字技术，有可能陷入数字技术应用的“创新假象”，造成更大的资源浪费，形成产能过剩，无法有效提升企业的产能利用率。

经过上述理论分析，本书认为：不同技术密集度的企业，数字技术应用提升产能利用率的效果存在异质性。

第四节　企业内外部环境对数字技术应用去产能效应的调节机制

一、企业组织惯性的调节机制分析

数字技术应用去产能效应的充分发挥，首先要求企业协调和重组内外部资源，更重要的是对企业组织架构、生产制造流程、资源配置方式等进行相应调整（宋晶和陈劲，2022）。当企业的组织惯性较高时，企业的思维认知更难理解数字技术的战略意义，并且流程惯例等组织元素也可能与数字技术产生更多的冲突（邓新明等，2021），贸然变革会遭遇更强的内部阻力，企业对于数字技术应用存在适应困难，企业更倾向于保持战略稳定。组织学中组织惯性的定义首次由 Stene（1940）提出，组织惯性是一类由于重复而被习惯化的组织行为。组织惯性是指在不断重复中较为全面地传递信息，并保持和延续产品、技能和知识的状态（Baum 和 Singh，1994）。Pentland 和 Feldman（2008）认为，组织惯性是指多个行动者参与的、重复的、可识别的组织行为模式。孙永磊等（2019）指出，组织惯性就是组织在不断地积累经验的过程中形成的相对稳定的、被大多数人接受的行为方式。米捷等（2016）聚焦于分析组织惯性形成和变化的微观过程，认为组织记忆构成了惯性的明示例证，而惯性的表述反映在重复任务的执行中。

考虑到适应性沉淀成本、协调成本、替代效应、制度持久性、承诺、经验曲线、线性思维、路径依赖，过多的组织惯性会导致资源和能力僵化（Nedzinskas 等，2013），会降低企业应用数字技术去产能的效果。Mikalef 等（2020）认为，数字化能力包含感知、捕捉和转化能力，过度的组织惯性由于情景依赖和选择偏好不利于企业数字化能力的发挥。根据 Gilbert（2005）的研究，组织惯性分为资源刚性和惯例刚性，企业组织惯性可以归因于企业无法对现有的资源投入模式进行弹性调整，也可以归因于企业无法灵活地改变现有的组织流程，即资源刚性和惯例刚性。组织惯性的存在使企业应用数字技术存在适应性困难，不利于数字技术应用去产能效应的发挥。

组织惯性使企业在面对变革时保持保守态度，抵触新的技术和方式。员工和管理层可能会担心数字技术应用带来工作流程的变化、技能需求的变化以及工作岗位的不确定性等问题。这种担心和抵触可能会阻碍数字技术应用的推广和采纳，从而削弱其对企业产能利用率的积极影响。企业的文化和价值观也会影响数字技术应用的接受程度。如果企业内部存在着过于保守的文化和价值观，不愿意尝试新事物和改变过去的工作方式，数字技术的应用很可能受到限制，无法发挥其潜在的积极影响。这些企业的管理体系和流程可能存在僵化和守旧的特点，体系和流程往往建立在过去的经验和习惯上，不容易适应和接纳新的数字技术应用。如果企业不愿意调整或重构现有的管理体系和流程，数字技术应用可能无法有效地融入企业的运作中，从而无法提高产能利用率。数字技术的应用通常需要一定的技术储备和知识支持。然而，企业内部员工可能缺乏相关技能和专业知识，并且由于组织惯性的存在，学习和适应新技术的动力也可能较低。这种技术储备和知识差距可能导致数字技术的应用程度受限，影响产能利用率的提升。

经过上述理论分析，本书认为：企业自身组织惯性会弱化数字技术应用对企业产能利用率的积极影响。

二、市场环境的调节机制分析

市场化程度较高意味着市场边界和政府边界处于均衡的张力范围内，企业营商环境较好，寻租现象减少，有助于企业针对市场需求推进数字技术应用，从而提高企业产能利用率（周洲和吴馨童，2022）。市场化程度高可以向区域内企业传递信用承诺，企业的知识产权能得到有效保护，降低其从事简单技术模仿的倾向，加快数字技术的应用。数字技术的应用提升了地区知识共享水平，具有正外部效应，较高的市场化水平“加持”了这种溢出效应，促进了地区信息、数据等生产要素的多向流动，提升了地区资源配置效率，从而实现产能利用率的提升（戴魁早和刘友金，2013；庄雷和赵成国，2017）。较高的市场化水平可以增强数字技术应用的“示范效应”，有效化解企业过剩产能。在市场化水平较高的地区，市场可以辅助政府宏观调控对资源进行配置，提升生产要素的流动和配置效率，推动企业应用数字技术，促进过剩产能的有效化解。市场化程度较高的地区通常存在激烈的市场竞争和创新压力，企业需要不断改进和升级技术以保持竞争优势。数字技术应用可以提供更高效、智能化的生产方式，使企业能够更好地适应市场需求变化并提高产能利用率。市场化程度较低的地区，政府过度干预阻碍了市场机制对生产要素的优化配置，不利于企业数字技术应用去产能效应的发挥。因此，处于市场化水平较高地区的企业通过数字技术的应用，会对企业产能利用率产生更显著的提升作用。

市场化程度较高的地区，通常拥有较为完善的市场体系和良好的竞争环境。企业在这样的环境中更容易进行创新和技术革新，并且能够更快速地推动数字技术的应用。此外，市场化程度较高的地区还具备更为开放的市场准入条件和营商环境，企业能够更加顺利地引进和应用数字技术提高生产效率，实现去产能效应，从而增强自身的竞争力。市场化程度高的地区对数字技术的接受度也更高。公众和消费者更愿意接受新的数字技术产品和服务，这为企业提供了更广阔的市场机遇和潜力。同时，消费者对数字技术的需求和期望也会促使企业更积极地进行技术创新，以满足不断变化的市场需求。市场化程度较高的地区通常会有规模经济效应和较高的生产效率要求。通过数字技术的应用，企业可以实现生产过程的自动化和智能化，减少人工和资源浪费，从而降低生产成本，提高产能利用率。

杨振兵（2015）探究了市场分割对产能过剩的影响，指出市场分割会抑制技术进步并制约商品流通，导致产能过剩现象。马红旗和田园（2018）认为，从短期来看，市场分割保护了本地企业，排挤了外部竞争者，有利于维护本地企业的市场份额，从而化解地区过剩产能；但从长期来看，市场分割的存在降低了地区市场活力，行业发展缺乏竞争力，造成本地企业生产的低效率，加剧了地区产能过剩。邓峰等（2022）也指出，市场分割的长期存在限制着 R&D 资金和 R&D 人员跨地区流动，制约着技术要素规模效应的形成，并且也降低了地区间分工与合作的有效性和标准化水平。因此，市场分割降低了地区的资源配置效率，不利于企业数字技术应用去产能效应的发挥。需要指出的是，尽管市场化程度高对数字技术应用去产能效应的发挥有利，但企业在应用数字技术时仍需要充分考虑各种具体情况，包括企业自身资源、技术水平、人力投入等方面的因素，以及市场需求和法律法规等外部因素。

经过上述理论分析，本书认为：企业所处的市场环境对数字技术应用提升产能利用率具有调节作用，企业所处地区的市场化程度越高，越有利于数字技术应用去产能效应的发挥。

三、宏观经济环境的调节机制分析

宏观经济环境是企业外部环境的重要构成（湛正群和杨华，2016），主要包括企业生存与发展的基本宏观经济条件及各种宏观经济政策。基本宏观经济条件涉及宏观经济要素的属性、层次、构成、变化趋势等方面的信息；宏观经济政策是国家行使宏观经济调控职责、调节宏观经济水平与结构、制定国家宏观经济发展战略的指导方针。当企业所处地区的经济环境差、经济形势不景气时，整个产业的市场需求萎缩，企业更可能降低产品质量（贾兴平和刘益，2014），没有动机开展数字技术应用进行战略转型来提升企业的产能利用率。

宏观经济环境主要通过以下几个层面影响企业数字技术应用行为：其一，宏观经济环境中的价格水平和变化趋势、工资水平、居民消费偏好和居民消费模式等因素影响了产品市场的需求，进而对供给端企业的产品和服务状况产生影响。宏观经济环境较好的地区，市场需求旺盛，企业应用数字技术为消费者提供差异化产品满足其多样化、个性化的消费需求，有利于企业充分利用自有资源，提高企业的产能利用率。其二，宏观经济环境中的资本市场发展状况会影响企业的生产经营，资本市场为企业提供资金支持，当经济环境通过资本市场影响到企业时，企业需要进行策略调整。宏观经济环境好的地区，企业的融资途径相对较多、融资成本相对低廉，因此，企业进行数字技术应用的动机更强。其三，宏观经济环境中的经济发展水平及人口状况共同影响劳动力供给的数量和结构，当劳动力技能水平无法满足企业的要求或劳动力成本高昂时，企业需要进行战略转变，如应用人工智能等数字技术在一定程度上进行弥补。

企业所处的宏观经济环境对数字技术应用的去产能效应具有重要的调节作用。在一个较好的宏观经济环境中，数字技术应用能够发挥出更大的潜力，进一步提升企业的产能利用率。首先，较好的宏观经济环境通常伴随着先进的生产技术及生产设备和良好的信息通信网络覆盖。这为数字技术应用提供了必要的支持和条件。企业在这样的环境下，可以更顺利地建立和运营自己的数字化系统，并将其应用于生产、运营和管理过程中。通过全过程的数字技术应用，企业能够提高生产效率、降低成本，并实现更高水平的产能利用率。其次，较好的宏观经济环境通常伴随着稳定的投资环境和政府的支持政策（马霞，2024）。这将吸引更多的资金和投资者关注数字技术领域，促进数字技术的研发和创新。投资的增加将进一步推动数字技术的广泛应用和发展，为企业提供更多的选择和机遇，进而促使企业实现更高水平的产能利用率。再次，较好的宏观经济环境往往有利于培育和吸引高素质的人才。在较好的宏观经济环境下，企业可以更容易地吸引到技术精英和专业人才。这些人才将为企业提供数字化转型所需的专业知识和技能，推动数字技术应用的深入发展，并且带来创新思维和更高效的工作方式，从而推动企业实现更高水平的产能利用率。最后，较好的宏观经济环境通常伴随着较高的市场需求和消费能力。这为企业提高产能利用率提供了更好的市场。通过数字技术应用，企业可以更好地满足不断增长的市场需求。通过数字化的生产过程和智能化的机器设备，企业能够更加精确地控制产品质量、提高生产效率，并根据消费者需求进行个性化定制。这种个性化定制的能力将帮助企业获取更多市场份额，进一步提升产能利用率和市场竞争力。

总之，宏观经济环境对数字技术应用的去产能效应具有显著的调节作用。较好的宏观经济环境为数字技术应用提供了良好的基础条件和支持。通过先进的技术及生产设备、稳定的投资环境、高素质的人才支持以及较高的市场需求和消费能力，企业可以更好地应用数字技术，从而提高产能利用率。因此，企业需要密切关注宏观经济环境的变化，并积极抓住相关机遇，加强数字技术应用，实现产能利用率的提升和可持续发展的目标。

经过上述理论分析，本书认为：企业所处的宏观经济环境对数字技术应用提升产能利用率具有调节作用，企业所处地区的宏观经济环境越好，越有利于数字技术应用去产能效应的发挥。

四、媒体环境的调节机制分析

由于中国新闻媒体对企业报道的数量日益增多，其对企业投资活动的影响也与日俱增，成为联结企业、市场和公众投资者之间的重要纽带。在企业投资活动中，媒体为资本市场和投资者传递有关信息，起到信息披露载体的作用。另外，媒体报道让企业的经营活动受到更多曝光，以便对企业实施有效监督。

对上市公司来说，媒体的监督和外部披露是非常重要的。首先，媒体对上市公司的监督可以起到舆论监督的作用。媒体可以通过报道上市公司的业绩、经营状况、治理机制、企业社会责任等方面的信息，检验公司的表现和承诺，揭示企业的问题和不足，提醒投资者和社会公众对公司进行评估。这种监督机制对于确保上市公司的透明度和合规性非常重要，有助于减少信息不对称和市场不确定性，在合理评估企业价值和风险的基础上维护公平市场的运行。其次，外部披露对于上市公司来说是必要的。公司应根据相关法律法规和证券交易所的要求，定期披露财务报告、关联交易、内幕信息、重大事项等信息，以使投资者和其他利益相关者对其经营状况和风险有全面了解。媒体可以通过对这些披露信息进行报道，帮助公众从第三方角度了解公司的运营情况和风险状况，增强市场透明度和投资者保护意识。同时，借助媒体的力量，公司也可以更加广泛地传播自己的信息，从而提高品牌形象、增强投资者和客户的信任与认可。此外，媒体的监督和外部披露对于上市公司的声誉和形象也具有重要影响。因此，上市公司需要高度重视媒体的监督和及时准确的外部披露，以建立良好的企业形象和声誉，保护投资者利益并促进市场的稳定繁荣。

企业所处的媒体环境不同，数字技术提升产能利用率的效果可能存在差异。媒体报道的正面评价和支持可以为公司赢得更多的声誉和认可，有利于增加投资者和合作伙伴的信心，推动公司的长期稳定发展。企业的媒体正面报道越多，越容易使外部投资者对企业形成良好的市场预期，企业为了迎合市场的积极态度，应用数字技术进行战略转型的动机更强，从而能够提升企业的产能利用率。而负面的媒体报道可能引发市场恐慌、投资者信心下滑，甚至可能导致股价下跌和投资者利益损失。但是，媒体的正面报道或溢美之词容易导致企业管理层过度自信。Hayward 和 Hambrick（1997）利用媒体对 CEO 的赞扬来度量 CEO 的自负，并得出结论，CEO 越自负，股东亏损越严重。企业的媒体正面报道越多，其投资行为越受关注，越容易造成管理层的过度自信，增加企业的非理性投资，从而加剧企业的产能过剩（张建勇等，2014）。当企业管理层过度自信时，往往会对投资项目的回报进行过高估计，在资金充裕且不受外部资本市场和内部公司治理机制约束的情况下，管理层极易出现过度投资行为，造成产能过剩。

媒体关注对数字技术应用的去产能效应具有一定的强化作用。媒体关注的增加可以加快企业有关信息的流转，有利于外部投资者等利益相关者对企业信息的掌握，加大市场对企业行为的监督，有效抑制管理层的非理性决策（易露霞等，2021）。媒体是信息传播的媒介，可以将有关信息传递到资本市场，增强信息的透明度（Bushee 等，2010）。媒体关注对企业的信息披露具有一定的监督作用，有助于缓解企业为了迎合投资者的策略性信息披露问题，推动企业数字技术应用落到实处，从而切实提高企业的产能利用率。

经过上述理论分析，本书认为：媒体报道对数字技术应用提升产能利用率具有调节作用。

第五节 本章小结

本章主要在理论方面回答了以下四个问题：数字技术应用是否能提高制造业企业产能利用率？数字技术应用通过哪种机制提高制造业企业产能利用率？数字技术应用对不同特性的制造业企业产能利用率是否具有异质性影响？制造业企业内外部环境条件对数字技术应用的去产能效应是否具有调节作用？

本章将数字技术应用和产能利用率纳入产业组织理论 SCP 范式中进行分析，并将数字技术应用加入内生增长理论模型中，提出数字技术应用可以提升企业产能利用率的理论观点。从投资改善机制、企业柔性机制、创新激励机制以及人力资本机制方面分析了数字技术应用对企业产能利用率的影响机制。第一，企业应用数字技术增加了企业预测准确性，改善了信息环境，有助于管理层的理性决策，提高了投资准确性，进而提高产能利用率。数字技术应用改善了企业和市场的信息不对称；缓解了企业股东和管理层的委托代理问题，提高了投资效率，进而提升了企业的产能利用率。第二，企业应用数字技术提高了企业柔性，在面对需求冲击时，企业可以快速做出反应和调整，进而提高产能利用率。企业应用数字技术通过缩短生产和设计周期、拓展销售范围、提高管理效率，提升了企业柔性，进而提高了产能利用率。第三，数字技术应用能够促进企业创新的“增量提质”，从而提高企业产能利用率。第四，企业数字技术应用的劳动力“替代”和劳动力“互补”效应影响企业的劳动力需求和劳动力结构，提升了企业人力资本水平，从而能提高企业产能利用率。投资改善机制和企业柔性机制主要从资本投入的角度展开，创新激励机制从技术的角度展开，人力资本机制从劳动投入的角度展开，四大机制大体满足了柯布—道格拉斯生产函数框架。

基于企业融资约束、所处生命周期、所有权性质以及技术密集度的不同进行了异质性分析。本书认为：融资约束较低的企业应用数字技术去产能的效果更好；对处于不同生命周期阶段的企业而言，数字技术应用对产能利用率的影响存在异质性；非国有企业相比国有企业应用数字技术提升产能利用率的效果更好；不同技术密集度的企业，数字技术应用提升产能利用率的效果存在异质性。考虑到企业内外部环境条件不同，应用数字技术所产生的去产能效应也会存在差异，本章分析了企业组织惯性、市场环境、宏观经济环境以及媒体环境对数字技术应用去产能效应的调节机制。本书认为，企业自身组织惯性会弱化数字技术应用对企业产能利用率的积极影响；企业所处地区的市场化程度会强化数字技术应用去产能效应的发挥；企业所处地区的宏观经济环境越好，越有利于数字技术应用去产能效应的发挥；媒体报道对数字技术应用提升产能利用率具有调节作用。

第四章　中国制造业企业数字技术应用与产能利用率的特征事实

本章对中国制造业企业数字技术应用与产能利用率的现实情况进行分析，首先测度了中国制造业企业数字技术应用水平，描述了中国制造业企业数字技术应用的特征事实。其次测度了中国制造业企业产能利用率，描述了中国制造业企业产能利用率的特征事实。最后探索了中国制造业企业数字技术应用与产能利用率的关系，分析了数字技术应用对中国制造业企业提升产能利用率的积极作用。本章初步检验了前文的理论观点，并为下文的实证检验奠定现实基础。

第一节　中国制造业企业数字技术应用的特征事实

一、中国制造业企业数字技术应用的测度

（一）数据来源与样本选择

本书选取 2011~2020 年中国沪深两市 A 股制造业上市公司作为研究样本，并进行如下处理：剔除考察期内挂牌 ST、PT 的样本；剔除关键变量数据存在缺失以及利润率、资产负债率等财务指标明显异常的样本；对连续型变量在 1%和 99%分位数上做缩尾处理，以消除异常值对结果的影响。最终获得 1948 家上市公司总共 14578 个“公司—年度”观测样本。数据来源于中国研究数据服务平台（CNRDS）、国泰安数据库（CSMAR）以及万得数据库（Wind）。相关企业年报

数据来自上海证券交易所、深圳证券交易所官方网站。

（二）企业数字技术应用的测度

1. 指标构建思路

企业数字技术应用是指企业利用先进数字技术与硬件系统来推动企业生产资料与生产过程的数字化，以此实现提质增效的重要目标导向（吴非等，2021）。数字技术应用的过程中，企业最初注重通过底层数字技术来改造企业技术结构、提升企业制造体系的数字化水平，这种革新取决于底层核心技术的应用。其中，人工智能、区块链、云计算、大数据等“ABCD”技术构成了企业数字技术应用的底层核心技术架构（戚聿东和肖旭，2020）。随着数字技术应用的深入推进，企业更加注重数字底层技术与复杂业务生态场景的融合创新，以此形成新的业务增长极。

综上所述，本书在企业数字技术应用的结构化层次中，划分了“底层技术应用”与“技术实践应用”两个维度：在“底层技术应用”上，划分了“ABCD”4种主要的数字技术；在“技术实践应用”上，包括智能制造、现代信息系统以及互联网商业模式几大领域，侧重于具体的数字化业务场景应用。

2. 指标构建过程

数字技术发展下涌现了包括大数据分析、机器学习等方法，通过数据挖掘，对文本、图像等非结构化数据进行处理，弥补了传统研究方法的局限（Athey和Imbens，2017；洪永淼和汪寿阳，2021）。企业数字技术应用水平的测量主要参考吴非等（2021）、袁淳等（2021）、杨贤宏（2021）、赵宸宇（2021）、田秀娟和李睿（2022）的研究，利用基于机器学习的文本分析法衡量企业数字技术应用水平。具体地，通过使用python爬虫技术分析中国制造业企业上市公司的年报，并利用Java PDFbox库提取全部文本内容，并以此作为数据池来筛选数字技术应用特征词。在对企业数字技术应用特征词的确定上，根据上述分析进行了结构化分类，构成了如图4-1所示的特征词图谱。同时考虑到年报文本长度差异，本书将企业数字技术应用特征词词频数/年报总句数作为数字技术应用指标。

3. 企业策略性信息披露问题的缓解

针对企业年报可能出现的策略性披露问题，本书采取以下措施进行缓解：第一，更换企业数字技术应用测算方法。利用机器学习的方法统计公司每年申请的数字技术专利数量，具体地，利用爬虫技术从国家知识产权局获得制造业上市公司的专利信息和专利文本。Chen等（2019）指出，G类或H类专利的并集涵盖

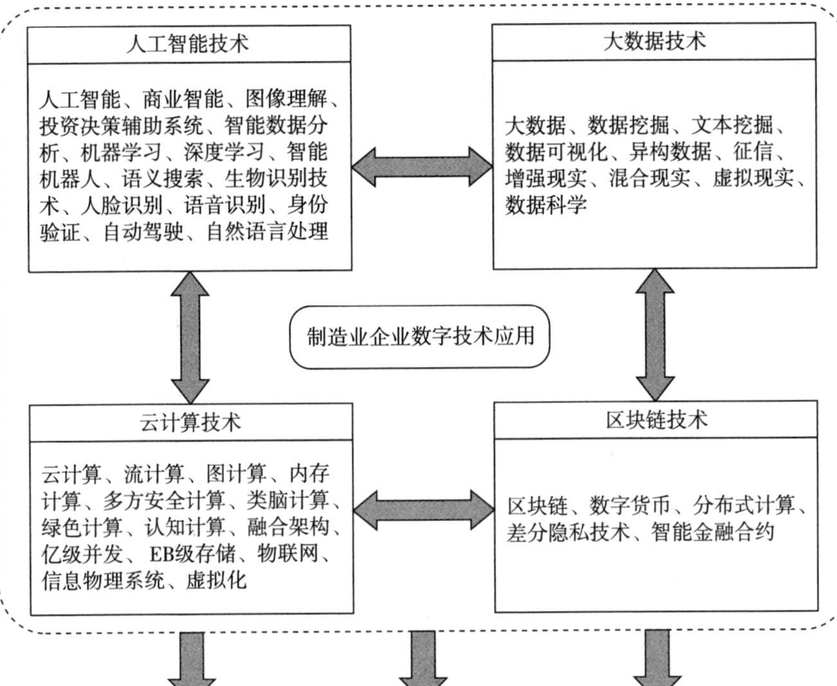

数字技术实践应用		
智能制造	现代信息系统	互联网商业模式
工业智能、移动智能、智能控制、智能终端、智能移动、智能管理、智能工厂、智能物流、智能制造、智能仓储、智能设备、智能生产、智能网联、智能系统、自动控制、自动监测、自动监控、自动检测、自动生产、工业云、未来工厂、智能故障诊断、虚拟制造、云IT、云生态、云服务、云平台、智能穿戴、智能家居、数字智能、智能技术、智能化、数控、生命周期管理、生产制造执行系统、工业互联网、数字终端、数字控制、产业互联网、集成控制、集成系统、一体化、集成化、集成解决方案	信息集成、信息网络、信息终端、信息中心、信息系统、工业信息、工业通信、信息管理、信息软件、信息共享、数据中心、数据平台、数据管理、数字技术、数字化、信息化、网络化、数据网络	移动互联网、移动互联、互联网营销、互联网技术、互联网应用、互联网平台、互联网生态、电子商务、电商、B2B、B2C、C2B、O2O、智能客服、智能营销、数字营销、无人零售、互联网思维、互联网行动、互联网业务、互联网移动、互联网战略、互联网模式、互联网商业模式、互联网生态、Internet、“互联网+”、线上线下、线上到线下、线上和线下、互联网解决方案

图 4-1 制造业企业数字技术应用的结构化特征词图谱

了与数字技术有关的领域。本书通过收集专利申请国际专利分类（IPC）代码，将样本限制为属于G类或H类的专利申请，采用机器学习方法识别出数字技术专利。具体地，首先，对专利申请文本进行预处理，然后根据数字技术应用相关的关键词构建用于机器学习算法的训练样本，通过使用逻辑回归分类器统计每家公司每年申请的数字技术专利数量，将其取自然对数后来表征企业数字技术应用水平，若企业没有数字技术专利，则数字技术应用水平变量赋值为0。其次，参考祁怀锦等（2020）、张永珅等（2021）的研究，以上市公司财务报告附注披露的年末无形资产项目中，与数字技术应用有关的部分占无形资产总额的比例来度量企业的数字技术应用水平。当无形资产明细项涉及"管理系统""智能平台"等与数字技术应用有关的关键词以及与此相关的专利时，将其界定为数字技术无形资产。最后，对同一家公司当年的数字技术无形资产进行加总，计算其占本年度无形资产的比例，作为企业数字技术应用水平的代理变量。第二，在基准模型的基础上控制企业会计信息质量，构建会计盈余激进度指标和盈余平滑度指标。第三，在基准回归模型的基础上，加入信息披露质量作为控制变量，信息披露质量用信息透明度指标以及KV指数进行衡量。第四，仅保留样本期内信息披露考评结果为优秀或良好的公司样本重新检验。缓解企业策略性信息披露的实证结果在稳健性检验部分，在此不再详述。

二、中国制造业企业数字技术应用的特征事实

（一）中国制造业企业数字技术应用水平逐年提高，数字技术与实体经济融合迅速

制造业企业数字技术应用水平以及底层技术应用和技术实践应用程度如图4-2所示。制造业企业数字技术应用水平逐年提高，从2011年的0.0075提高到2020年的0.0218，增长了近3倍，数字技术与实体经济融合迅速。中国制造业企业开始认识到数字技术的重要性，并积极应用数字技术。随着人工智能、大数据、云计算、区块链等的发展，数字技术已成为提高生产效率、降低成本、提升产品质量的重要手段。企业通过采用数字化设备和系统，实现生产过程的自动化和智能化。例如，通过引入机器人和智能化生产线，可以有效提高生产效率、降低生产成本。此外，通过使用大数据分析和预测技术，企业可以更好地了解市场需求，优化产品设计和供应链管理。数字技术与实体经济的融合正在推动中国制造业向智能制造转型。传统的制造业模式正在被数字技术所改变，数字化、网络

化和智能化已经成为中国制造业发展的关键方向。通过数字技术的应用，企业可以实现生产工艺的精细化管理、产品质量的全过程监控、供应链的灵活调配等。此外，数字技术还改变了企业与消费者之间的交互方式，通过电子商务和在线销售渠道，企业能够更好地满足消费者个性化需求，提升消费体验，并促进市场的拓展和发展。

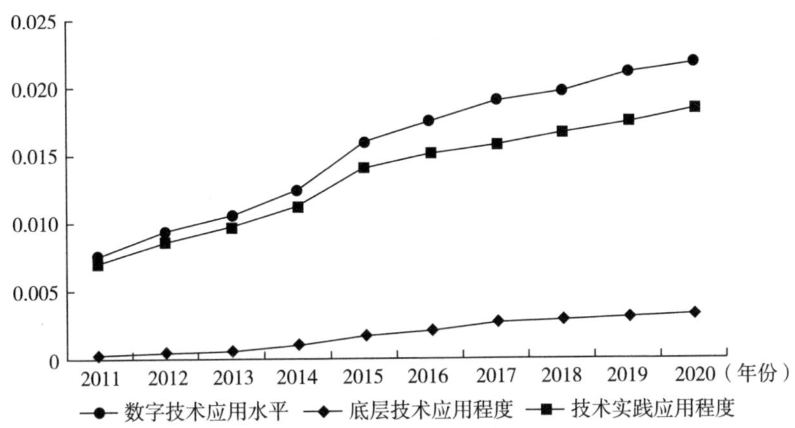

图 4-2　中国制造业企业数字技术应用水平

根据中国信通院发布的《中国数字经济发展白皮书》，中国数字经济规模由2011 年的 9.5 万亿元增长到 2020 年的 39.2 万亿元。本书统计与该宏观统计基本相当，一定程度上支持了本书数字技术应用指标的合理性。底层技术应用各分项技术的应用水平如图 4-3 所示，2011 年以来，人工智能技术、大数据技术、云计算技术以及区块链技术应用水平总体上呈现增长趋势。其中，云计算技术应用水平最高，相比传统的网络应用模式，第一，云计算技术运算能力高效、可靠性高，具有动态扩展功能；第二，云计算技术能够进行按需配置，兼容性强，具有很高的灵活性；第三，性价比高，资源在虚拟数据池的统一管理优化了物理空间，降低了企业成本。数字技术应用水平排在第二位的是大数据技术，大数据是能融入和赋能实体产业的信息资产，大数据技术可在海量数据中挖掘有价值的信息，提高企业生产力，改善企业经营决策，提升企业竞争力。数字技术应用水平排在第三位的是人工智能技术，人工智能技术是指运用计算机技术来模拟人的某些思维和动作，实现智能操作，现如今已在国民经济各领域得到广泛应用，如机器视觉、指纹识别、图像辨识、专家系统、智能搜索、博弈、智能管理、语音和视频处理等。随着新一轮科技革命的迅猛发展，人工智能技术在企业设计、生产、营销等多个环节均有渗透且成熟度不断提升。区块链技术应用水平排在末位，区块链技术具有高安全性、公开透明、高自治性以及不可篡改性。鉴于目前中国区块链行业存在诸多的不确定性，以及区块链技术存在的一些技术和非技术方面的不足，制造业企业对区块链技术的应用较为谨慎。

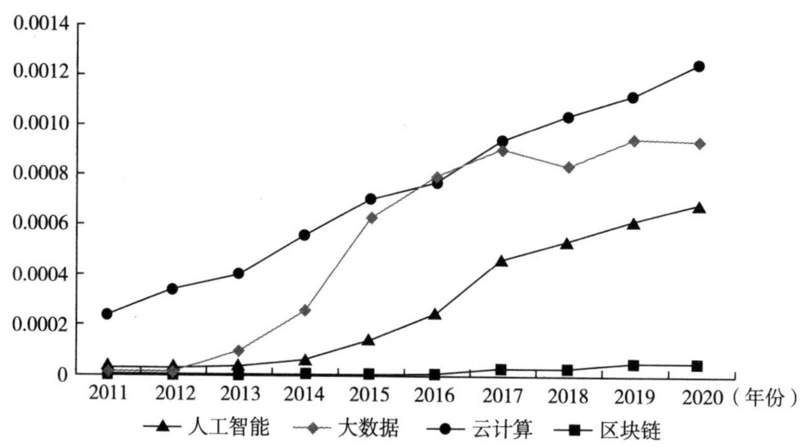

图 4-3　中国制造业企业“ABCD”数字技术应用水平

值得注意的是，数字技术在中国制造业中的应用也面临一些挑战。首先是技术壁垒和创新能力的提升。数字技术的应用需要企业具备一定的技术实力和创新能力，包括软件开发、数据分析、人工智能等方面的专业知识。企业需要加大对科研与创新的投入，吸引人才进入数字技术领域，以提升自身的竞争力。其次，数字技术的应用需要企业进行组织和管理方式的转变。传统制造业企业往往具有较为保守的企业文化和管理模式，数字化转型需要相应地调整组织结构、完善人才培养和管理机制。同时，数字技术的安全性也是一个重要的挑战，企业需要加强对数据和信息的保护，建立完善的网络安全体系。针对上述挑战，中国政府近年来推出了一系列支持数字技术在制造业中应用的政策和举措，积极推动智能制造，鼓励企业加大创新力度，提升技术水平和核心竞争力。总之，中国制造业企业数字技术应用水平的不断提高、数字技术与实体经济的迅速融合，为中国经济发展带来了新的机遇和挑战。通过加强科技创新、提升制造业企业技术能力和管

理水平、优化制造业产业结构，中国制造业有望在数字化转型的浪潮中迎接更广阔的发展空间，推动实现高质量发展和可持续增长。

（二）数字技术在制造业不同行业应用程度差异显著，轻工业行业、技术密集型行业数字技术应用水平较高

为了探究制造业不同行业数字技术应用水平是否存在异质性，本书根据证监会《上市公司行业分类指引》（2012 年修订），将样本企业归类至二位数制造业行业，数字技术在制造业不同行业的应用情况如表 4-1 所示。仪器仪表制造业数字技术应用水平最高，其次是家具制造业和计算机、通信和其他电子设备制造业。石油加工、炼焦和核燃料加工业、有色金属冶炼和压延加工业数字技术应用水平远低于样本平均水平。下面考察中国制造业企业数字技术应用在不同行业板块的差异。首先，根据国家统计局发布的《轻重工业划分办法》，将制造业分为轻工业行业和重工业行业。其次，根据鲁桐和党印（2014）的做法将制造业分为技术密集型行业、资本密集型行业以及劳动密集型行业。分行业的数字技术应用情况如图 4-4 和图 4-5 所示，可知，轻工业行业的数字技术应用水平明显高于重工业行业，技术密集型行业的数字技术应用水平明显高于资本密集型行业和劳动密集型行业。

表 4-1　中国制造业企业数字技术应用的行业分布

行业代码	行业名称	数字技术应用水平
C13	农副食品加工业	0.0125
C14	食品制造业	0.0136
C15	酒、饮料和精制茶制造业	0.0132
C17	纺织业	0.0122
C18	纺织服装、服饰业	0.0218
C19	皮革、毛皮、羽毛及其制品和制鞋业	0.0266
C20	木材加工和木、竹、藤、棕、草制品业	0.0133
C21	家具制造业	0.0352
C22	造纸和纸制品业	0.0121
C23	印刷和记录媒介复制业	0.0234
C24	文教、工美、体育和娱乐用品制造业	0.0246
C25	石油加工、炼焦和核燃料加工业	0.0052

续表

行业代码	行业名称	数字技术应用水平
C26	化学原料和化学制品制造业	0.0089
C27	医药制造业	0.0076
C28	化学纤维制造业	0.0081
C29	橡胶和塑料制品业	0.0132
C30	非金属矿物制品业	0.0083
C31	黑色金属冶炼和压延加工业	0.0098
C32	有色金属冶炼和压延加工业	0.0053
C33	金属制品业	0.0134
C34	通用设备制造业	0.0259
C35	专用设备制造业	0.0218
C36	汽车制造业	0.0117
C37	铁路、船舶、航空航天和其他运输设备制造业	0.0130
C38	电气机械和器材制造业	0.0240
C39	计算机、通信和其他电子设备制造业	0.0268
C40	仪器仪表制造业	0.0407
C41	其他制造业	0.0182

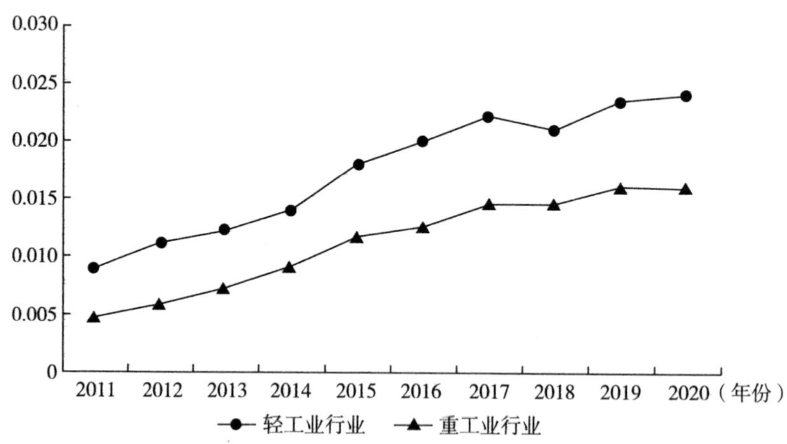

图 4-4　中国轻、重工业行业数字技术应用水平

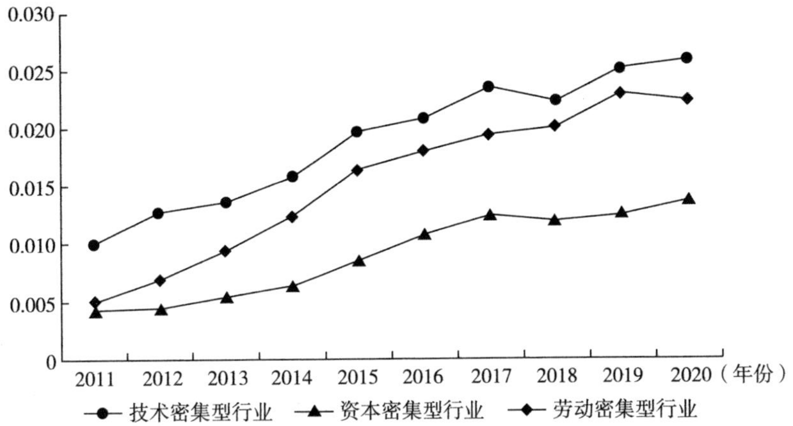

图 4-5　中国技术密集型、资本密集型、劳动密集型行业数字技术应用水平

轻工业行业，如纺织、服装、家具等行业，数字技术的应用已经成为提高生产效率和产品质量的重要手段。通过引入自动化设备和机器人技术，生产线可以实现更高的自动化程度，提升生产效率，并减少人为因素导致的错误和浪费。此外，通过数字化的供应链管理和销售渠道，轻工业企业能够更好地了解市场需求，优化产品设计和供应链配送，提供个性化定制服务，满足消费者多样化需求。技术密集型行业，如电子、通信、汽车制造等行业，对数字技术的应用要求更为迫切。这些行业对产品质量、生产效率和技术创新有着较高的要求，因此数字技术的应用在其中扮演着重要的角色。例如，在电子行业，通过智能制造、物联网和人工智能等技术的应用，企业能够实现更高程度的自动化和智能化，加快产品研发和新产品推出速度，提升制造过程的精细管理和质量控制。在汽车制造领域，数字化工厂、虚拟仿真、增强现实等技术的应用，不仅可以提高汽车生产效率，也有助于优化设计流程、提升安全性和可持续性。

然而，需要注意的是，数字技术在制造业中的应用不仅仅局限于轻工业和技术密集型行业，也在其他行业中逐渐得到推广。例如，在传统重工业中，如钢铁、化工等行业，数字技术的应用也为其提高生产效率和节能减排提供了新的途径。通过物联网技术、大数据分析和智能控制系统的应用，重工业企业能够实时监测和调整生产过程，减少能源的消耗和废弃物的排放，提高资源利用效率。

综上所述，轻工业行业和技术密集型行业在制造业中的数字技术应用水平较高。这些行业对于生产效率、产品质量和技术创新有着较高的要求，并且数字技术的应用在其中能够带来更明显的效率提升。然而，随着数字技术的不断发展，其他行业也应该加大对数字化转型的投入和力度，充分利用数字技术的优势，提升整体竞争力，并推动中国制造业朝着智能化、绿色化和可持续发展的方向迈进。

（三）制造业企业数字技术应用水平呈现“东高西低”的态势

由于区域之间存在经济发展水平、政府政策制度、地区文化水平等差异，企业数字技术应用水平可能存在区域异质性。为了探讨企业数字技术应用是否会存在区域异质性，本书将样本企业根据其所在省份划分为东部、中部、西部三个区域①，以进行区域间的比较分析，中国不同区域制造业企业的数字技术应用情况如图 4-6 所示。中国制造业企业数字技术应用情况整体上呈现“东高西低”的态势。东部地区制造业企业数字技术应用水平一直处于领先地位，东部地区企业开展数字技术应用的基础较好，且在 2014 年之后发展迅猛，核心城市起到了带动作用，形成了集群发展态势。中部地区数字技术应用水平位于东、西部地区之间，中部地区数字技术应用正成为引领中部地区崛起的核心引擎。西部地区制造

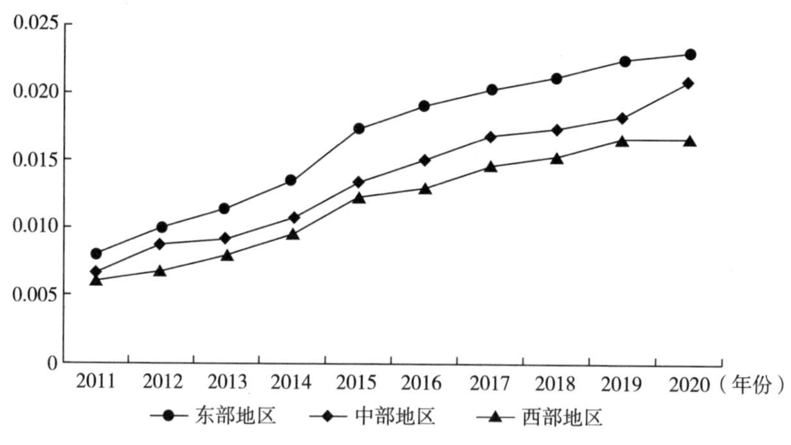

图 4-6　中国东中西部地区数字技术应用水平

① 按照经济发展水平和地理位置相结合的原则，将全国划分为东部地区、中部地区和西部地区，不包括港澳台地区。其中，东部地区包括北京、天津、河北、辽宁、上海、江苏、浙江、福建、山东、广东、海南；中部地区包括山西、吉林、黑龙江、安徽、江西、河南、湖北、湖南；西部地区包括内蒙古、广西、重庆、四川、贵州、云南、陕西、甘肃、青海、宁夏、新疆、西藏（因西藏数据缺失较多，未纳入研究）。

业企业的数字技术应用水平较低，数字化进程较为缓慢。虽然整体上中国不同区域的数字技术应用水平均呈现增长的趋势，但区域间数字技术应用程度存在差异，这种差异主要源自以下几个方面的因素：

首先，经济发展水平不均衡。东部地区是中国经济发展的重要引擎，经济发展水平较高。东部地区的制造业企业相对较为发达，资金和资源更为充足，有更多条件投入数字技术的研究和应用。与之相比，西部地区的经济发展相对滞后，制造业基础薄弱，资金和技术支持不足，制约了数字技术的应用。其次，科技创新能力存在差异。东部地区拥有较多的高等院校、科研机构和技术人才，创新能力相对较强。这为东部地区的制造业企业提供了更多的技术支持和创新动力，使其能够更早地融入数字技术的创新与应用。而西部地区在科技创新方面相对欠缺，在数字技术研发和应用方面存在较大的挑战。最后，市场需求和产业结构差异也导致了数字技术应用水平的差异。东部地区的制造业企业面临更激烈的市场竞争和多样化的消费需求，迫使其不断进行技术创新和转型升级，进而推动数字技术的应用。相比之下，西部地区的市场需求相对较弱，企业更多关注基础产业和传统制造业，对数字技术的需求和应用推广相对较少。

然而，随着国家政策的推动和西部地区经济的发展，西部地区的制造业企业数字技术应用水平也在逐步提高。国家相关政策鼓励西部地区加大科技创新力度，支持数字化转型和智能制造的发展，这将为西部地区制造业企业提供更多的机会和条件来推进数字技术的应用。培养技术人才、加强教育培训、加强跨地区合作等措施也有助于推动数字技术在西部地区的普及和应用。随着国家政策的支持和西部地区经济的发展，西部地区的制造业企业数字技术应用有望缩小与东部地区的差距，实现更高水平的发展。

（四）中国不同所有制制造业企业数字技术应用水平存在差异

本书根据 CSMAR 公布的上市公司基本信息将样本企业分为国有企业与非国有企业，探究不同所有制企业的数字技术应用水平是否存在差异。中国制造业不同所有制企业数字技术应用水平如图 4-7 所示，国有企业与非国有企业数字技术应用水平整体上呈上升态势。2012~2017 年，非国有企业数字技术应用程度不断加深。近年来，传统产业面临需求疲软、产能过剩的问题，以传统产业为主的国有企业面临着前所未有的挑战，急需探索新的发展方式。

一方面，非国有企业通常具有更大的市场竞争压力和灵活性，更容易接受新的技术和理念。这些企业在数字技术领域的投资意愿和能力相对较强，更加注重

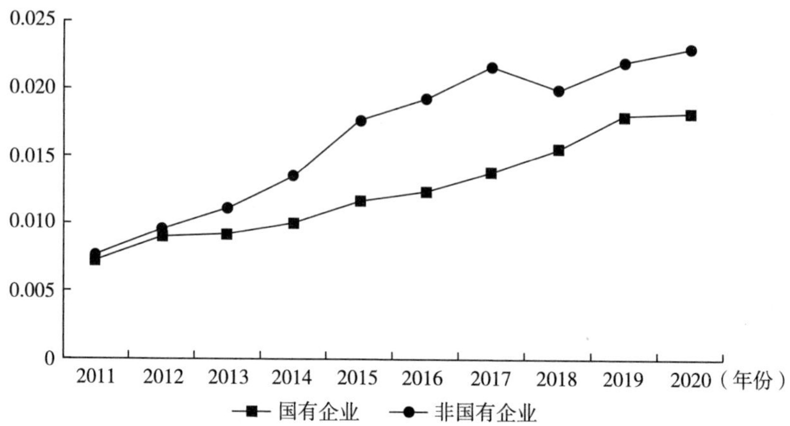

图 4-7　中国不同所有制制造业企业数字技术应用水平

创新和技术升级。由于非国有企业较少受到政府行政层面的限制，因此能够更自由地引入与应用数字技术，提升生产效率和产品质量。另一方面，国有企业在数字技术应用方面可能受到一些制约。国有企业在管理结构、决策机制等方面会相对复杂和繁重，决策过程较为缓慢。此外，国有企业通常有较高的资本投资门槛，因此在数字技术的引入和应用上可能存在一定的困难。然而，应该指出的是，在国家政策的推动下，国有企业也开始逐步加大对数字技术的投入和应用。政府鼓励国有企业进行数字化转型，并提供相应的政策和财政支持。国务院国资委在 2020 年发布了《关于加快推进国有企业数字化转型工作的通知》，积极推动国有企业加大数字技术应用，加快改造提升传统动能、培育发展新动能。一些国有企业也积极与科研机构合作，在数字技术的研发和应用方面开展合作项目。通过这些举措，国有企业的数字技术应用水平正在逐步提高。

为了缩小不同所有制企业之间的数字技术应用差距，社会各界应加强合作，加大对制造业企业的数字化培训和技术支持，推动数字技术的普及和应用。同时，政府部门也要加强政策引导，提供更多资金和资源支持，鼓励和推动国有企业加强数字化转型，提升数字技术应用水平。随着国家政策的推动和国有企业加大数字化转型的努力，不同所有制制造业企业的数字技术应用水平的差距有望逐渐缩小，进而实现全面的数字化转型。

第二节 中国制造业企业产能利用率的特征事实

一、中国制造业企业产能利用率的测度

本书借鉴 Aretz 和 Pope（2018）的方法，通过改进的随机前沿模型来测算中国制造业企业产能利用率。本书构建的产能利用率指标推导过程如下所示：

企业 i 在第 t 时刻的现有产能 $\overline{K}_{i,t}$ 可以被分解为最优产能 $K_{i,t}^*$ 和产能过剩 $\xi_{i,t}$

$$\overline{K}_{i,t}=K_{i,t}^*\xi_{i,t} \tag{4-1}$$

式（4-1）中，$\xi_{i,t}\in[1, +\infty]$，等号两边取对数得到：

$$\ln(\overline{K}_{i,t})=\ln(K_{i,t}^*)+\ln(\xi_{i,t})=\ln(K_{i,t}^*)+u_{i,t} \tag{4-2}$$

其中，$u_{i,t}\equiv\ln(\xi_{i,t})\geqslant 0$，Aretz 和 Pope（2018）的理论推导出产能过剩非负的结论，这也符合中国制造业企业的现实情况。$u_{i,t}$ 服从从零截断的正态分布，即 $u_{i,t}\sim N^+(\gamma' Z_{i,t}, \sigma_u^2)$，其中 $Z_{i,t}$ 是决定产能过剩的一系列因素。

根据实物期权模型，将最优产能指定为销售收入、运营成本、非运营成本（包括销售费用和管理费用）、收益波动率（年度股价波动）、系统风险（流通市值加权的 *Beta*）、无风险回报率和行业固定效应等①的函数，如下所示：

$$\ln(K_{i,t}^*)=\alpha_k+\beta' X_{i,t}+v_{i,t} \tag{4-3}$$

$$\ln(\overline{K}_{i,t})=\alpha_k+\beta' X_{i,t}+v_{i,t}+u_{i,t}=\alpha_k+\beta' X_{i,t}+\varepsilon_{i,t} \tag{4-4}$$

其中，$X_{i,t}$ 表示决定最优产能的各项因素，α_k 代表固定效应，$v_{i,t}\sim N(0, \sigma_v^2)$，为随机干扰项，$\varepsilon_{i,t}=v_{i,t}+u_{i,t}$，是复合干扰项。

对式（4-4）进行极大似然估计，得到各个参数以及 $\varepsilon_{i,t}$ 的估计值。定义 $u_{i,t}^*=\dfrac{\varepsilon_{i,t}\sigma_u^2+\gamma' Z_{i,t}\sigma_v^2}{\sigma_u^2+\sigma_v^2}$，$\sigma_{i,t}^*=\dfrac{\sigma_u\sigma_v}{\sqrt{\sigma_u^2+\sigma_v^2}}$，得到 $u_{i,t}$ 的条件期望：

$$\hat{u}_{i,t}=E[u_{i,t}\mid\varepsilon_{i,t}, Z_{i,t}]=u_{i,t}^*+\sigma_{i,t}^*\left[\frac{n(-u_{i,t}^*/\sigma_{i,t}^*)}{N(u_{i,t}^*/\sigma_{i,t}^*)}\right] \tag{4-5}$$

① 由于上市公司未披露月度数据，本书基于季度数据进行计算。

其中，$n(.)$ 代表标准正态分布密度，$N(.)$ 代表累积分布密度。由式（4-5）估计出的 $\hat{u}_{i,t}$ 为企业现有产能与最优产能的差距，即产能过剩，利用 1-产能过剩得到产能利用率。

二、中国制造业企业产能利用率的特征事实

（一）中国制造业企业产能利用率水平波动往复，产能过剩问题仍然存在

根据上述方法测度的中国制造业企业的产能利用率以及产能过剩情况如图 4-8 所示。通过本书的测算，2011~2020 年中国制造业企业平均产能利用率为 64.53%，与孔东民等（2021）、李晓溪和饶品贵（2022）的研究结果基本一致。根据韩国高等（2011）、江源（2006）、汪进和尹兴中（2010）等的研究，若产能利用率低于 79%，表明可能存在产能过剩。从时间趋势上来看，中国制造业企业的产能利用率和产能过剩情况表现出明显的阶段性特征。2011~2016 年，制造业企业整体的产能过剩程度仍保持缓慢上升的态势。这可以用林毅夫（2010）提出的“潮涌现象”进行解释，即在金融危机之后中国政府所制定的十大产业振兴规划以及相对宽松的货币政策等激励政策有着一定的政策延续性，再加上 2009~2011 年国外技术引进的经费大幅增加，从而导致了大量企业在金融危机后，通过引进的技术以及国家的激励政策在起初取得了可观收益，从而出现了“潮涌现象”。同时国内制造业企业多处在全球产业链分工下游地位，普遍对引进技术依赖性强，导致企业自主创新能力不足，加之政策红利效应的衰减，产能

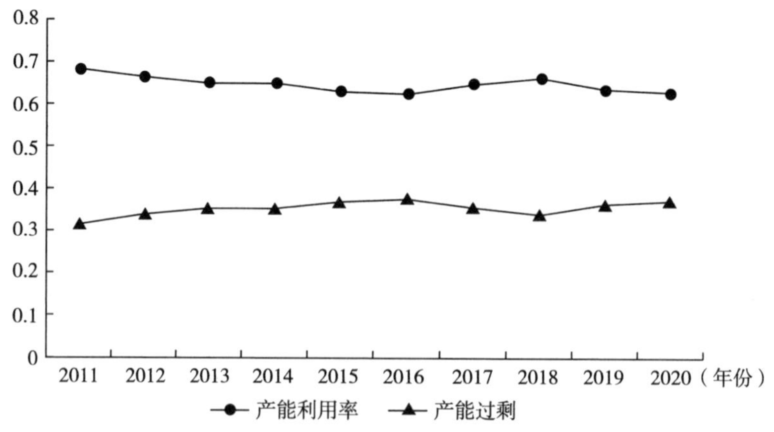

图 4-8　中国制造业企业产能利用率和产能过剩情况

过剩问题逐步显现出来。2016~2018 年，中国制造业企业产能过剩问题有所缓解，这可能是 2015 年中国开始实施供给侧结构性改革的效果体现，然而 2018 年之后产能过剩情况有所加重。该结果表明，产能过剩处于“过剩—治理—再过剩”的反复循环，这也说明中国的产能过剩是一个长期性问题。

在中国制造业企业中，产能利用率水平的波动确实是一个长期存在的问题，产能过剩也仍然存在。一方面，由于全球经济形势、市场需求和技术进步等因素的不确定性，制造业企业的产能利用率会受到周期性的波动影响。经济增长放缓、市场需求下降等因素可能导致产能利用率下降，而经济复苏、市场扩大则可能促使产能利用率提升。另一方面，中国制造业在过去几十年的快速发展中，一些领域出现了产能过剩的问题。这主要是由于以往的投资热潮中，一些企业为了追求规模扩张和市场份额，过度扩充了生产能力，导致了供过于求的局面。尤其是在一些传统产业领域，如钢铁、水泥、玻璃等，产能过剩问题比较突出。

产能过剩不仅造成资源的浪费，还会对企业经营产生负面影响，企业将面临销售困难、价格竞争激烈、利润下降等问题。产能过剩使整个产业链条整体竞争力下降，不利于制造业的持续健康发展。为了解决产能过剩问题，中国政府采取了一系列的措施。首先，政府通过市场化改革和产能置换，推动钢铁、煤炭等行业的去产能工作。其次，政府鼓励企业加快技术革新和转型升级，提高产品质量和附加值，以提升市场竞争力。此外，政府还加强了对新项目的审批和监管，避免新的产能过剩问题的出现。然而，解决产能过剩问题仍然面临一定的挑战：一方面，由于部分企业面临债务问题以及裁员压力，去产能工作可能会受到一些阻力；另一方面，产能过剩问题也需要进行结构性调整，鼓励资源向新兴产业、高技术产业等领域转移，这需要一定时间和政策配套支持。

综上所述，中国制造业企业的产能利用率水平存在波动，并且产能过剩问题仍然存在。为了解决这个问题，中国政府已经采取了一系列的政策和措施，但解决产能过剩的任务仍然艰巨，需要持续进行结构性调整和创新引领，以实现制造业的高质量发展。

（二）中国制造业企业产能利用率水平呈现明显的区域差异

中国制造业是全球最大的制造业体系之一，在国民经济中起到举足轻重的作用。然而，随着中国经济发展进入新阶段，中国制造业面临着诸多挑战，其中之一就是产能利用率水平的差异问题。中国制造业企业的产能利用率水平既有区域差异，也有省份差异。

中国不同区域的产能利用率情况如图 4-9 所示，东部地区产能利用率较高、中西部地区次之，这与现实经济情况相一致。东部地区是中国制造业发展的主要引擎，具有明显的竞争优势。东部地区的产能利用率相对较高，这主要源于以下几个因素：其一，经济发展水平较高。东部地区地理位置优越，产业转型升级较快，要素分配更加合理，企业管理模式先进，产品竞争力较高。其二，工业基础较强。东部地区的产业结构相对较优，高技术制造业比重较大，企业技术水平和生产能力较强。其三，市场需求旺盛。东部地区的消费水平较高，有着广大的市场和消费需求，使制造业企业能够充分利用其生产能力，提高产能利用率。中部地区的产能利用率相对于东部地区较低，但较西部地区要高。中部地区的产能利用率受到经济发展水平和区域优势产业的影响。虽然中部地区的经济发展相对滞后，但其制造业基础相对较好，而且中部地区拥有众多中小型制造业企业，这些企业在特定领域内具有竞争优势。因此，中部地区的制造业企业产能利用率相对较高。西部地区的产能利用率较低，主要是由于经济发展水平较低、产业结构相对落后、制造业基础相对较弱、生产能力相对较低、先进技术传播速度慢、实际应用程度较低以及市场需求不够旺盛等问题所致。

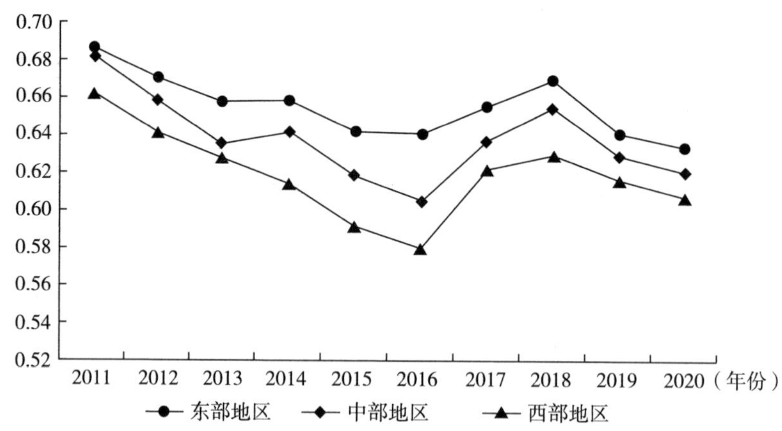

图 4-9　中国东中西部地区产能利用率情况

为了更直观地反映中国区域内各省份产能利用率的变化趋势及特点，本书借助 stata 软件，做出了中国各省份的产能利用率时序图，如图 4-10~图 4-17 所示。区域内部各省份的产能利用率同样存在差异。在东部地区，广东省产能利用率均值最高，这主要得益于广东省持续深化制造业供给侧结构性改革，推动制造业数字化、网络化、智能化转型，实施工业品增品种、提品质、创品牌的“三品”战略，支持企业拓展国内市场。在中部地区，吉林、黑龙江的产能利用率水平排名靠后，可能是因为其主导产业为重工业行业，重工业行业的投资周期长、改造更新缓慢，产能过剩问题较为突出。西部地区产能过剩情况更为严重，一直是中国重工业行业较为集中的地区，垄断型企业长期受地方政府保护，企业效益较差，在很大程度上限制了地区的产业结构优化，出现供需不匹配问题，形成产能过剩。不同省份之间的产能利用率水平差异主要受到产业结构、政策支持和科技创新能力等因素的影响。一方面，一些具有优势产业和资源优势的省份，如广东、江苏、浙江等省，由于经济发展、市场需求和产业升级等因素推动，其制造业企业的产能利用率较高；另一方面，一些资源型省份或传统重工业基地，如河北、山西等省，受制于经济滞后和市场需求不足等问题，制造业企业产能利用率相对较低。

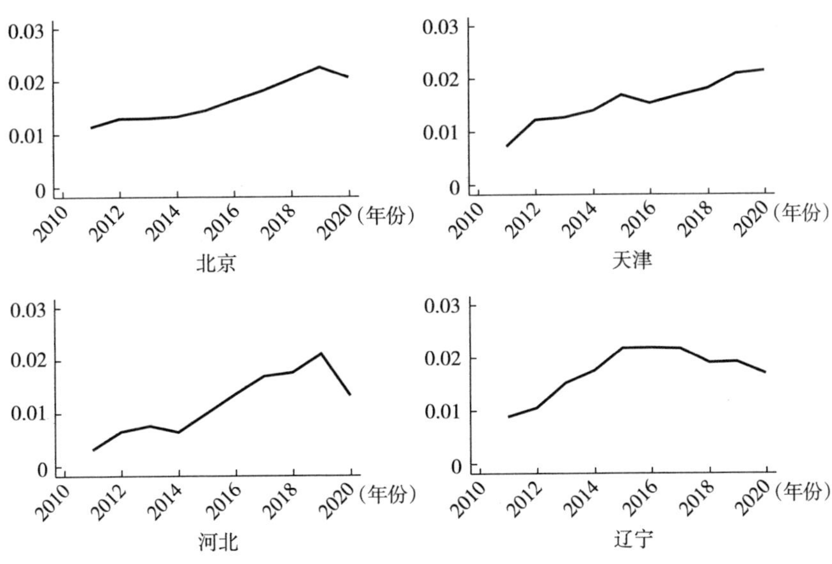

图 4-10　北京、天津、河北、辽宁制造业企业产能利用率

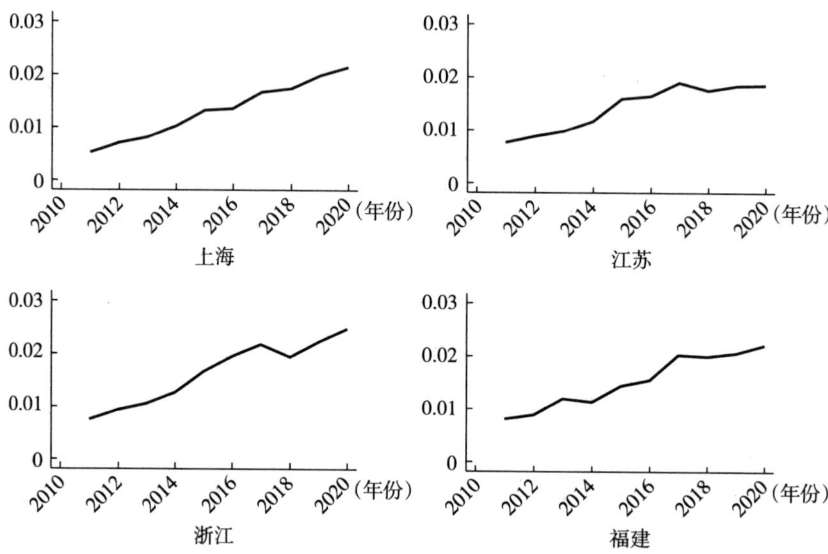

图 4-11 上海、江苏、浙江、福建制造业企业产能利用率

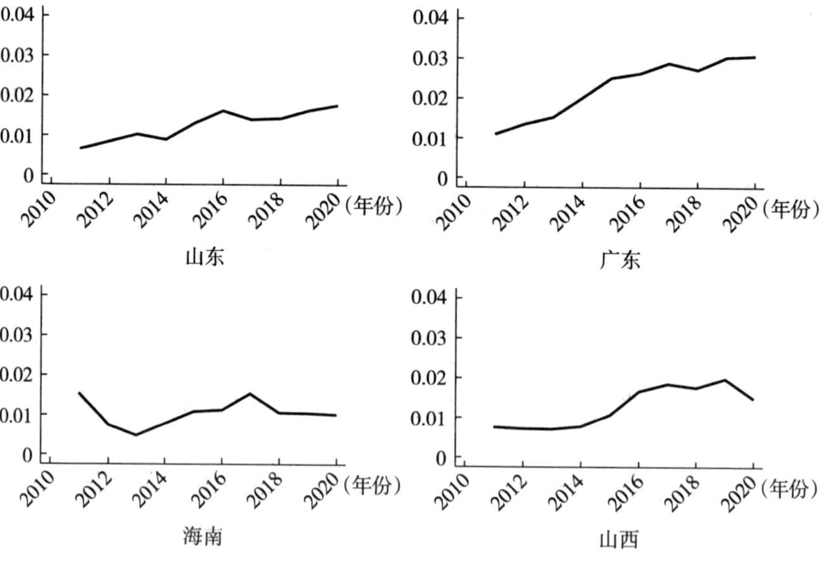

图 4-12 山东、广东、海南、山西制造业企业产能利用率

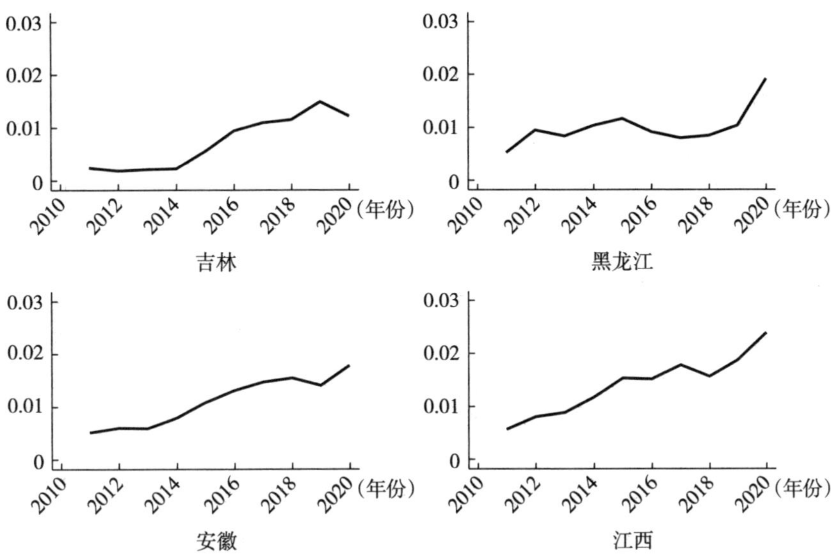

图 4-13　吉林、黑龙江、安徽、江西制造业企业产能利用率

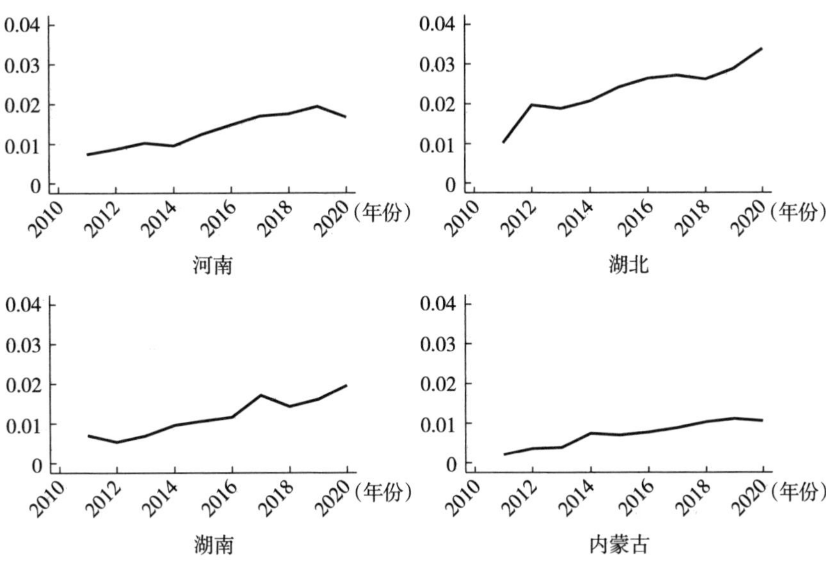

图 4-14　河南、湖北、湖南、内蒙古制造业企业产能利用率

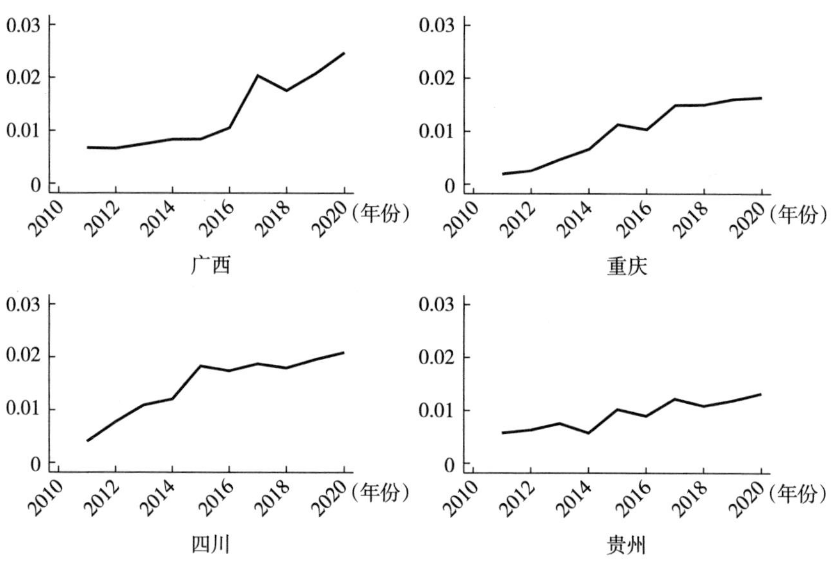

图 4-15　广西、重庆、四川、贵州制造业企业产能利用率

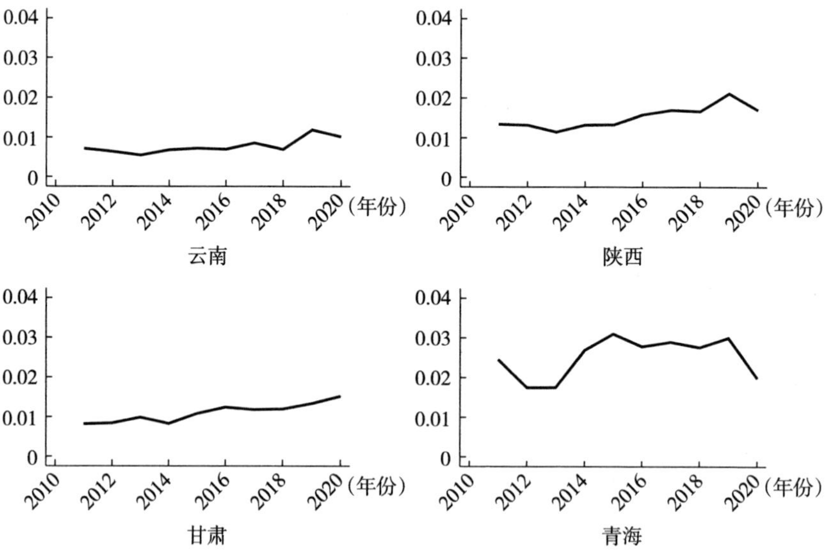

图 4-16　云南、陕西、甘肃、青海制造业企业产能利用率

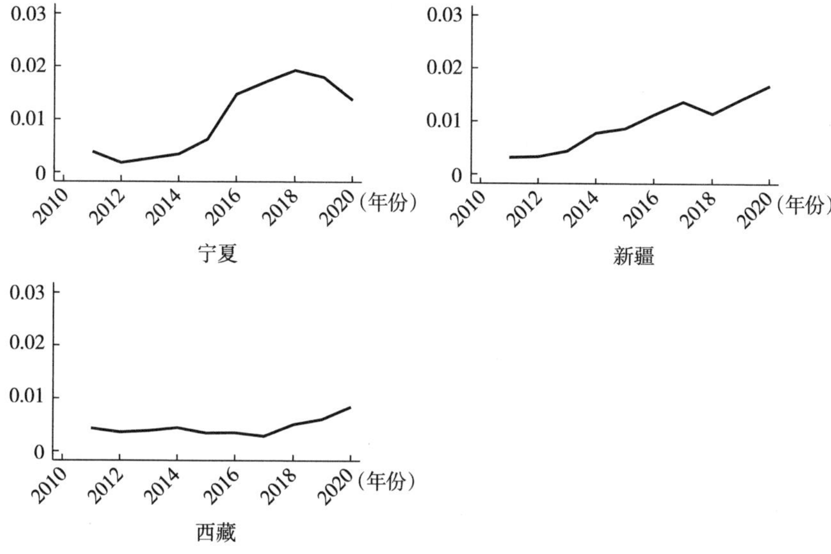

图 4-17 宁夏、新疆、西藏制造业企业产能利用率

综上所述，中国制造业企业的产能利用率水平呈现明显的区域差异和省份差异，主要由经济发展水平、产业结构、市场需求和政策环境等因素综合作用所致。为了改善这种差异，需要实施区域协调发展战略，推动产业转型升级和科技创新，提供更加平衡的政策支持和资源配置，进一步推动中国制造业实现高质量发展的目标。

（三）中国制造业不同行业的产能利用率存在差异，轻工业产能利用率水平较高，重工业产能过剩问题较为突出

研究中国制造业企业的产能利用率问题，需要针对企业所处行业的特征进行分类探究。前文的理论分析指出，完全竞争行业和不完全竞争行业的产能利用率存在差异，产能过剩问题常常出现在不完全竞争行业中。中国重工业属于不完全竞争行业，轻工业则接近完全竞争行业，故中国产能过剩大多出现在重工业（韩国高等，2011）。制造业不同行业的产能利用率情况如图 4-18 所示，并按照产能利用率的大小进行从高到低排序。

轻工业相对于重工业而言，产能利用率水平较高，重工业面临着较为突出的产能过剩问题。产能利用率最低的三个行业分别为："黑色金属冶炼和压延加工业""石油加工、炼焦和核燃料加工业""铁路、船舶、航空航天和其他运输设

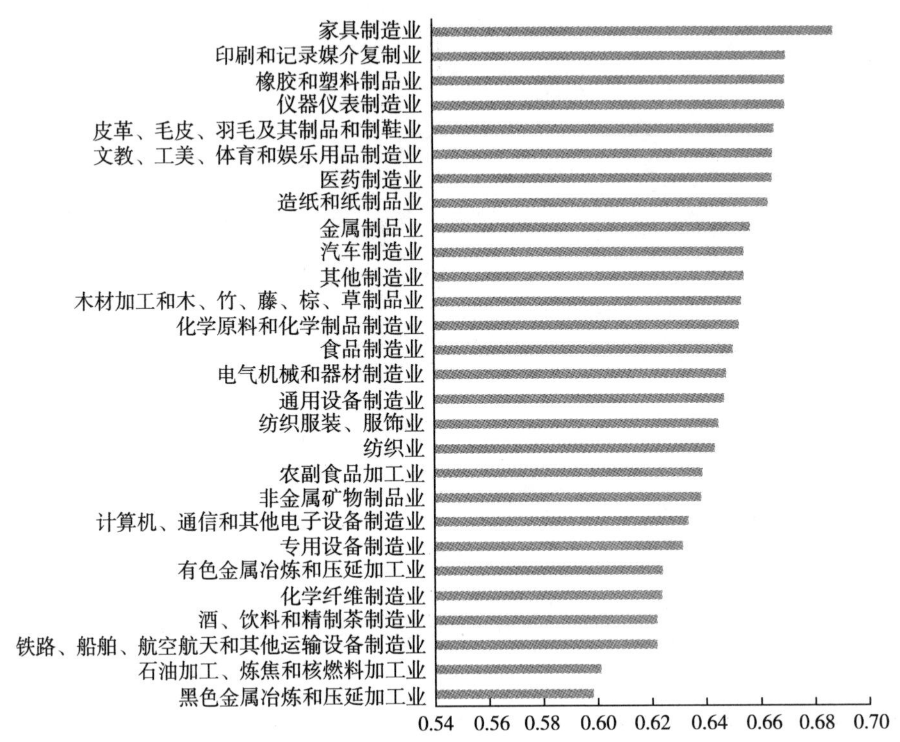

图 4-18 中国制造业企业产能利用率的行业分布

备制造业”，均为重工业。“家具制造业”“印刷和记录媒介复制业”“橡胶和塑料制品业”等轻工业产能利用率较高。由于退出壁垒、建设周期、投资规模等原因，重工业和轻工业的产能过剩水平有较大差别。

一直以来，中国重工业过度投资现象显著，行业产能低水平扩张，机器设备无法得到较为充分的利用，存在资源的浪费和闲置，造成生产的低效率，并且产品的技术含量不高且同质性强，行业销售环节普遍存在产品供过于求，因此重工业更易形成产能过剩。重工业投资规模大、产业关联度高，这意味着其行业退出壁垒高，一旦市场需求下滑，行业内产能无法及时出清就会造成产能过剩（Dixit，1980）。针对重工业产能过剩问题，中国政府采取了一系列措施。一方面，加强供给侧结构性改革，推动重工业结构调整和转型升级，淘汰落后产能；另一方面，引导重工业产能向高端制造业领域转移，推动技术创新，提高产品质量和附加值，增加市场竞争力。

轻工业由于固定资产投资规模相对较小，调整产能的灵活性更高，技术革新较快，产能利用率普遍高于重工业。首先，轻工业行业的固定资产投资规模相对较小，相比于重工业的大型设备和生产线，轻工业生产所需的设备和工具相对简单且成本较低。这使轻工业更容易吸引投资者和创业者参与，推动产业转型升级。其次，轻工业调整产能的灵活性较高，这意味着它能够更快地适应市场需求的变化。其生产过程通常具有较短的周期，能够快速满足消费者多样化的需求，提高市场反应速度。最后，轻工业行业的技术革新较快，不断追求更高效、环保、可持续的生产方式。随着科技的发展和创新的推动，轻工业不断引入新的生产技术、自动化设备和数字化系统，提高生产效率和产品质量。由于以上特点，轻工业的产能利用率普遍高于重工业。它能够更灵活地根据市场需求进行调整，减轻了产能过剩或闲置的情况，有效提高资源利用效率，降低生产成本。

综上所述，当前过剩产能主要集中在重工业，相比重工业，轻工业需求旺盛且变化快，竞争相对充足，市场准入门槛低，对市场信息获取和产品营销的要求更高，这也为数字技术的应用创造了条件。而重工业的最主要特征就是规模经济，生产类似产品的企业，规模越大，成本越低，企业有动机扩张产能、抢占市场。然而，当经济下滑时，容易形成过剩产能。在数字技术迅猛发展的背景下，虽然重工业企业不能像轻工业企业那样，在消费端相对容易地与消费者融合，促进商业模式和组织模式的转变，但是重工业企业可以从生产端开始，运用人工智能、大数据、云计算等数字技术重塑企业生产和经营模式，从而化解产能过剩问题。

第三节　数字技术应用对制造业企业提升产能利用率的影响

一、中国制造业企业数字技术应用与产能利用率的基本关系

制造业企业数字技术应用与产能利用率的 Pearson 相关系数和 Spearman 相关系数分别如表 4-2 左下角及右上角所示。数字技术应用（*DTA*）与产能利用率（*CUR*）的相关系数均在 1%的水平上显著为正，表明在不考虑其他因素情况下，数字技术应用提升了企业产能利用率，在一定程度上验证了本书提出的数字技术

应用可以提升企业产能利用率的理论观点。

表 4-2　相关系数矩阵

	CUR	DTA
CUR		0.09***
DTA	0.07***	

注：*** 表示 1%的显著性水平。

在传统的制造流程中，机器设备和生产数据是分离状态，而人工智能、大数据、云计算、区块链等数字技术的应用改变了传统的生产方式。数字技术在企业生产组织流程中的嵌入，改善了企业内部的信息传输，提升了企业信息的透明度（韦庄禹，2022）。数字技术利用自身数据挖掘、大数据分析的优势，高效整合企业内外部资源，提高了资源配置效率，产能利用率得到了提升。数字技术的应用通过高效匹配海量数据资源，为企业的生产活动提供及时全面的供需信息，有效引导企业将资源配置到具有市场潜力的领域（李腾等，2021），提高了企业的产能利用率。数字技术凭借其技术优势为制造业企业拓展业务、开拓市场，提升了企业竞争力。Watanabe 等（2018）指出，数字技术通过赋能制造业企业供应链和价值链，有效激发其进行生产性活动的内生动力，助力制造业重塑核心竞争力。数字技术的应用能够减弱企业在资源观引导下的预防性动机，制造业企业应用数字技术增强了信息获取能力以及企业的学习能力，可以更准确地进行市场需求评估并制定合理的生产决策，从而缓解生产约束，提高其产能利用率。

二、数字技术应用对制造业企业提升产能利用率的积极作用

随着第五次科技革命的推进和新一代信息技术的全面渗透，工业和经济强国纷纷提出了以信息技术与制造业企业融合为基础的战略，如德国的“工业 4.0”、美国的“工业互联网”，全球制造业格局正在发生深刻变化。作为世界上最大的制造业国家，中国制造业增加值对全球制造业的贡献接近 30%。中国制造业企业正在加快数字技术应用，推动企业数字化转型。比如，联想推出了“智能中国”的数字战略，华为利用云计算等技术搭建了数字平台。数字化、智能化、服务化是中国制造业发展的必然趋势，但中国制造业企业仍存在着核心技术缺乏、人口红利递减、成本上升、产能过剩等问题。这种变化对传统制造企业既是机遇也是

挑战。如何利用这一机遇，打破中国制造企业在全球制造格局中的低端锁定，打造新的竞争优势，成为实现中国制造业高质量发展的关键所在。要加快建设制造大国，推动数字技术和实体经济深度融合。2020年，中国政府通过了《关于深化新一代信息技术与制造业融合发展的指导意见》，强调新一代信息技术在制造业的应用和融合发展，加快制造业生产方式和企业形态的深刻变革，实现制造业的高质量发展。

数字技术与制造业企业的资源、能力的融合，会对企业价值创造和获取方式产生深刻变革（Bjorkdahl，2020）。数字技术在制造业企业生产流程中的嵌入，可以发挥自身的替代效应和要素增强效应，提高企业的产能利用率，提升企业价值（Vial，2021）。制造业企业应用数字传感器和先进的软件算法，可以报告机器设备的实时状况，这意味着节省了时间和资源，减少了故障和停工的次数，降低了机器设备维护和检查成本，有助于提高企业的产能利用率。数字技术在制造业企业的应用，推动了企业生产方式、生产流程的创新，改进了企业的管理模式，提高了产品技术含量，提升了产品质量（柏培文和喻理，2021）。数字技术的应用使企业及其供应商能够更好地控制生产资料，通过整合生产和库存管理系统，加快资产的周转，实现产能利用率的提升。数字技术在企业商业模式、组织变革等领域产生了重大影响，实现了产品供需间的有效匹配，实现去产能的目的。企业应用数字技术可以在数字化共享平台交易过剩的生产制造能力、产品检测能力和物流配送能力，促进闲置设备和闲置工厂的再利用，提高了全社会生产资源的配置效率。

数字技术应用在制造业企业中具有重要的作用，可以帮助企业提升产能利用率，实现高效生产和管理，具体的应用场景列举如下。通过数字技术，制造业企业可以实现智能化的生产管理。例如，使用物联网技术和传感器监测设备运行状态，实时获取数据并进行分析，提前预测设备故障，避免生产中断，提高设备利用率。此外，还可以通过自动化控制系统，实现生产过程的优化和协调，减少资源浪费，提高生产效率。数字技术可以帮助制造业企业收集和分析大量的生产数据，从而提供决策支持。通过对生产数据进行挖掘和分析，企业可以深入了解生产过程中的瓶颈和问题，及时调整生产计划，优化资源配置，提高产能利用率。利用数据分析工具进行预测和模拟，帮助企业进行产能规划和资源预测，提高生产计划的精确度和效率。数字技术的应用可以促进制造业企业与供应链伙伴之间的协同合作和信息共享。通过信息系统的连接和数据交换，企业可以及时获取供应链上各个环节的信息，实现供需信息的快速匹配和资源协调，提高供应链的效率。通过采用数字化的供应链管理工具，企业可以优化供应链的运作，减少库存和运输成本，更好地满足市场需求，提高产能利用率。数字技术可以帮助制造业企业进行虚拟仿真和模块化设计。通过虚拟仿真技术，企业可以在产品开发阶段进行多次试验和优化，减少因误差导致的生产线停机和重复工作，提高产品上市速度和品质。同时，模块化设计也可以提高生产的灵活性和可扩展性，使企业能够更快地响应市场需求变化，提高产能利用率。

第四节　本章小结

本章主要分析了中国制造业企业数字技术应用与产能利用率的特征事实。第一，采用基于机器学习的文本分析法测度了中国制造业企业数字技术应用水平，描述了中国制造业企业数字技术应用的四大特征事实：中国制造业企业数字技术应用水平逐年提高，数字技术与实体经济融合迅速；数字技术在制造业不同行业应用程度差异显著，轻工业行业、技术密集型行业数字技术应用水平较高；制造业企业数字技术应用水平呈现“东高西低”的态势；中国不同所有制制造业企业数字技术应用水平存在差异，非国有企业数字技术应用水平明显较高。第二，采用 Aretz 和 Pope（2018）改进的随机前沿模型法测度了中国制造业企业产能利用率，描述了中国制造业企业产能利用率的三大特征事实：中国制造业企业产能利用率水平波动往复，产能过剩问题仍然存在；中国制造业企业产能利用率水平呈现明显的区域差异；中国制造业不同行业的产能利用率存在差异，轻工业行业产能利用率水平较高，重工业行业产能过剩问题较为突出。第三，阐述了数字技术应用对制造业企业提升产能利用率的重要意义，探索了中国制造业企业数字技术应用与产能利用率的关系，分析了数字技术应用对中国制造业企业提升产能利用率的积极作用。

第五章　数字技术应用对制造业企业产能利用率影响的实证分析

本章开展数字技术应用对制造业企业产能利用率影响的实证分析。首先，构建基准回归模型检验数字技术应用对制造业企业产能利用率的影响。为充分探究数字技术应用对制造业企业不同产能利用率水平的差异化影响，构建分位数回归模型缓解一般均值回归模型的限制。其次，根据企业的融资约束、所处生命周期、所有权性质以及技术密集度等因素讨论了基准模型结论的异质性。针对可能存在的内生性问题，使用 Bartik 工具变量、多时点 DID 模型以及 Heckman 两阶段模型进行检验与修正。再次，采用缓解企业策略性信息披露行为、替换被解释变量、多维度控制遗漏变量以及子样本回归等一系列稳健性检验验证基准回归结果的可靠性。最后，进行了数字技术应用影响企业产能利用率的拓展性分析，进一步探讨企业数字技术应用对产能利用率的提升是否能带来企业绩效和企业全要素生产率的提升，并探究了数字技术应用影响企业产能利用率的行业溢出效应。

第一节　研究设计

一、模型构建和变量定义

为检验数字技术应用对制造业企业产能利用率的影响，本书构建如下回归模型：

$$CUR_{i,t} = \alpha + \beta_1 DTA_{i,t} + \sum controls_{i,t} + \sum firm_i + \sum year_t + \varepsilon_{i,t} \quad (5-1)$$

其中，$CUR_{i,t}$ 为企业 i 在第 t 期的产能利用率，$DTA_{i,t}$ 代表企业 i 在第 t 期的数字技术应用水平，$\sum controls_{i,t}$ 为控制变量，$\sum firm_i$ 为企业固定效应，$\sum year_t$ 为年度固定效应，$\varepsilon_{i,t}$ 为随机干扰项。β_1 为本书关注系数，表示数字技术应用对企业产能利用率的影响。为缓解潜在异方差及序列相关问题，在企业层面聚类调整回归系数标准误。

被解释变量为产能利用率，采用 Aretz 和 Pope（2018）改进的随机前沿模型法进行测度。核心解释变量为数字技术应用，采用基于机器学习的文本分析法进行测度。被解释变量和核心解释变量的具体测度以及数据来源和样本选择在第四章已详细说明，此处不再赘述，下面重点介绍控制变量的选取。本书从企业层面的财务经营和公司治理以及产业层面选取控制变量，具体包括：财务杠杆（*lev*），用企业总负债与企业总资产之比来衡量；经营现金流（*ocf*），以经营活动产生的现金流量净额与总资产之比来表征；公司规模（*size*），采用企业期末员工人数来衡量；市场价值（*Q*），采用托宾 *Q* 来衡量，以公司股东权益市值与债务账面价值之和占总资产账面价值的比例来表征；企业年龄（*age*），采用企业成立年限来表征；资本密度（*cap*），采用企业总资产与企业员工人数的比值来表征；股票流动性（*liqui*），采用月均超额换手率来衡量；独董比例（*indr*），采用独董人数占董事会人数的比例来表征；股权集中度（*top*1），采用第一大股东持股数量与总股本的比值来衡量；产业集中度（*hhi*），用制造业二位码行业层面计算的赫芬达尔指数来衡量，具体的计算方式为，行业内每家企业的主营业务收入占行业主营业务收入比例的平方累加。各变量定义说明如表 5-1 所示。

表 5-1　变量定义

变量类型	变量名称	变量	变量说明
被解释变量	产能利用率	*CUR*	参考 Aretz 和 Pope（2018）的研究，使用改进的随机前沿模型法计算得出
解释变量	数字技术应用	*DTA*	通过 python 爬虫技术分析上市公司年报得出数字技术应用特征词频占比
	底层技术应用	*AU*	通过 python 爬虫技术分析上市公司年报得出底层技术应用特征词频占比
	技术实践应用	*AP*	通过 python 爬虫技术分析上市公司年报得出技术实践应用特征词频占比

续表

变量类型	变量名称	变量	变量说明
控制变量	财务杠杆	*lev*	总负债/总资产
	经营现金流	*ocf*	经营活动产生的现金流量净额/总资产
	公司规模	*size*	企业年末员工人数
	市场价值	*Q*	托宾 *Q*
	企业年龄	*age*	年份变量减去企业创立年份+1 的自然对数
	资本密度	*cap*	企业总资产/企业员工人数
	股票流动性	*liqui*	月均超额换手率
	独董比例	*indr*	独立董事人数/董事会人数
	股权集中度	*top*1	第一大股东持股数量/总股本
	产业集中度	*hhi*	制造业二位码行业层面计算的赫芬达尔指数

二、数据来源与描述性统计

本章研究样本和第四章特征事实分析保持一致，仍为 2011～2020 年沪深两市 A 股制造业企业。本章所用主要变量的描述性统计如表 5-2 所示。可知，产能利用率（*CUR*）均值为 0.6453，标准差为 0.1000，最小值为 0.2737，最大值为 0.7821，与孔东民等（2021）、李晓溪和饶品贵（2022）的研究结果基本一致。韩国高等（2011）的研究指出，产能利用率超过 90%被视为产能不足，表明企业生产设备超负荷运转，如果产能利用率在 79%以下，则意味着出现产能过剩。这表明中国制造业企业普遍存在不同程度的产能过剩，中国制造业企业的产能利用率仍有较大的提升空间。数字技术应用（*DTA*）的均值为 0.0163，标准差为 0.0241，最小值为 0，最大值为 0.1527，表明制造业企业数字技术应用存在较大差异。数字技术实践应用的平均值和最大值均大于底层数字技术应用，这表明企业更倾向于将数字技术应用的重点放在技术实践应用上。其他控制变量分布均在合理范围内，不再赘述。另外，经过 VIF 多重共线性检验，变量间不存在多重共线性问题。

表 5-2　描述性统计

变量类型	变量	样本量	平均值	标准差	最小值	最大值
被解释变量	*CUR*	14578	0.6453	0.1000	0.2737	0.7821

续表

变量类型	变量	样本量	平均值	标准差	最小值	最大值
解释变量	*DTA*	14578	0.0163	0.0241	0.0000	0.1527
	AU	14578	0.0019	0.0052	0.0000	0.0351
	AP	14578	0.0141	0.0194	0.0000	0.1180
控制变量	*lev*	14578	0.3987	0.1892	0.0546	0.8499
	ocf	14578	0.0504	0.0643	-0.1295	0.2339
	size	14578	0.4835	0.8160	0.0212	5.6079
	Q	14578	2.1226	0.7211	0.6931	3.2581
	age	14578	2.8450	0.3331	1.7918	3.4657
	cap	14578	2.1129	2.4822	0.1236	105.1794
	liqui	14578	-0.1007	0.4555	-1.8842	0.9657
	indr	14578	0.3747	0.0534	0.3333	0.5714
	*top*1	14578	0.3356	0.1399	0.0900	0.7174
	hhi	14578	0.1359	0.1293	0.0194	0.6635

注：作者使用 stata17 整理所得。

第二节　数字技术应用对企业产能利用率影响的实证检验

一、基准回归分析

为准确识别数字技术应用对企业产能利用率的影响，运用模型（5-1）进行基准回归检验，结果如表 5-3 所示。第（1）、第（2）列分别表示不加入控制变量、加入控制变量时，数字技术应用（*DTA*）对企业产能利用率（*CUR*）的影响。可知，数字技术应用（*DTA*）的系数均在 1%的水平上显著为正，表明数字技术应用显著提升了企业产能利用率。在经济意义上，以表 5-3 第（2）列的估计系数为例，企业数字技术应用水平每提高 1%，其产能利用率平均提升 0.2581%，这意味着推动企业应用数字技术对于提高企业产能利用率、解决产能

过剩问题意义重大。表5-3第（3）列为底层数字技术应用（*AU*）对企业产能利用率的影响，可知，底层数字技术应用对企业产能利用率的影响为正向但是不显著。表5-3第（4）列为数字技术实践应用（*AP*）对企业产能利用率的影响，可知，数字技术实践应用对企业产能利用率的影响系数为0.3511，在1%的水平上显著。这表明数字技术应用对于提升企业产能利用率主要得益于企业在数字技术实践上的应用，这一层次的数字技术应用更关注数字技术与业务场景的融合创新，比底层数字技术应用对企业产能利用率的影响更为直接有效。控制变量层面对于企业产能利用率的影响与既有文献估计结果基本一致，鉴于控制变量潜在的内生性问题，不对其结果和经济意义进行过多解释和引申。

表5-3　数字技术应用对制造业企业产能利用率的影响

变量	(1) *CUR*	(2) *CUR*	(3) *CUR*	(4) *CUR*
DTA	0.2352*** (0.0721)	0.2581*** (0.0734)		
AU			0.3701 (0.2612)	
AP				0.3511*** (0.0910)
lev		-0.0880*** (0.0109)	-0.0879*** (0.0109)	-0.0878*** (0.0109)
ocf		0.0880*** (0.0155)	0.0867*** (0.0155)	0.0881*** (0.0155)
size		0.0198*** (0.0046)	0.0205*** (0.0046)	0.0198*** (0.0046)
Q		-0.0443*** (0.0056)	-0.0440*** (0.0056)	-0.0443*** (0.0056)
age		0.0187 (0.0186)	0.0175 (0.0186)	0.0198 (0.0186)
cap		0.0014* (0.0008)	0.0014* (0.0008)	0.0014* (0.0008)
liqui		-0.0039** (0.0017)	-0.0039** (0.0017)	-0.0039** (0.0017)

续表

变量	(1) CUR	(2) CUR	(3) CUR	(4) CUR
indr		0.0103 (0.0300)	0.0092 (0.0300)	0.0094 (0.0300)
*top*1		0.0116 (0.0180)	0.0097 (0.0180)	0.0108 (0.0180)
hhi		0.0005 (0.0132)	0.0014 (0.0133)	-0.0001 (0.0132)
_cons	0.6415*** (0.0012)	0.6919*** (0.0530)	0.6986*** (0.0529)	0.6886*** (0.0529)
企业固定效应	Yes	Yes	Yes	Yes
时间固定效应	Yes	Yes	Yes	Yes
N	14578	14578	14578	14578
Adj R^2	0.4572	0.4803	0.4793	0.4805

注：***、**、*分别表示1%、5%、10%的显著性水平；括号内为稳健标准误。

二、分位数回归分析

此外，考虑到中国制造业企业产能利用率存在差异，其向左拖尾的特征表明个别企业产能利用率较低，如图5-1所示。为充分探究数字技术应用对制造业企业不同产能利用率水平的差异化影响，探索数字技术应用对制造业企业产能利用率条件分布的影响规律，本书运用分位数回归模型缓解一般均值回归模型的限制。模型构建如下所示：

$$Quant_{\theta}(CUR_{i,t} \mid DTA_{i,t},\ et\ al.)$$
$$\equiv inf\{CUR_{i,t}: F_{i,t}(CUR_{i,t} \mid DTA_{i,t},\ et\ al.) = \theta\}$$
$$= \alpha(\theta) + \beta_1(\theta)DTA_{i,t} + \sum controls_{i,t} + \sum firm_i + \sum year_t + \varepsilon_{i,t} \quad (5-2)$$

其中，$Quant_{\theta}$（$CUR_{i,t} \mid DTA_{i,t}$, *et al.*）为企业产能利用率（*CUR*）的条件分位数；数字技术应用水平（*DTA*）的回归系数β_1（θ）是θ的函数，随着分位数θ变化而变化；$F_{i,t}$为企业产能利用率（*CUR*）的条件分布函数；θ为被解释变量的条件分布的分位数水平，取值范围为［0，1］；$\sum controls_{i,t}$为控制变量；$\sum firm_i$为企业固定效应；$\sum year_t$为年度固定效应；$\varepsilon_{i,t}$为随机干扰项。

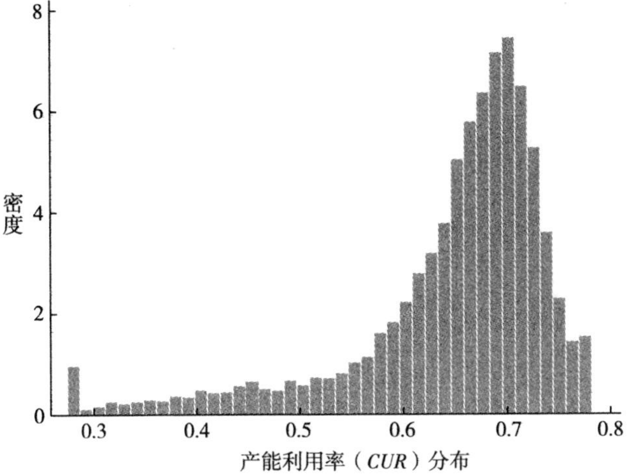

图 5-1　中国制造业企业产能利用率的核密度图

数字技术应用在企业产能利用率 1%～99%分位数上的影响如图 5-2 所示。横轴是分位数，纵轴是数字技术应用水平的影响系数，阴影部分内容为估计系数的置信区间。由图 5-2 可知，数字技术应用对企业产能利用率的影响系数整体上显著为正，与前文实证内容一致。从各分位点的情况来看，相比于产能利用率水平较为“平均”的企业，数字技术应用对产能利用率分布尾端企业的影响存在较大差异。数字技术应用对于产能利用率水平较为“平均”的制造业企业具有显著正向影响，对产能利用率分布尾端的制造业企业影响不显著。

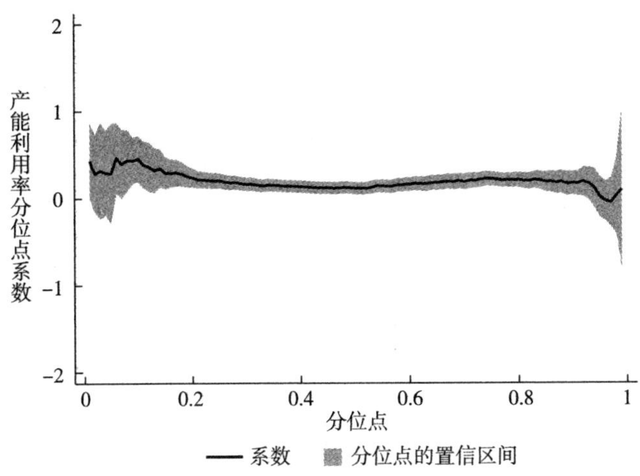

图 5-2　数字技术应用对产能利用率的分位数影响

导致出现这种条件分布影响规律的可能解释为，数字技术应用对生产技术的“创造性破坏”，其产生的投资效应、柔性效应、创新效应和人力资本效应能够有效优化现有生产过程中的投入产出关系，从而提升企业的产能利用率，因此整体上，数字技术应用可以显著改善企业的产能利用率。产能利用率较低的制造业企业，管理效率低下，融资能力有限，数字技术应用基础薄弱，化解过剩产能的能力有限。而产能利用率极高的企业出现了设备的超负荷运行，并不存在产能过剩问题，数字技术的应用不再有效。

第三节　异质性检验

本书已经验证了数字技术应用对制造业企业产能利用率的提升效应，那么不同特点的企业数字技术应用的效果是否存在差异？讨论数字技术应用效果的异质性有助于明确数字技术应用影响制造业企业产能利用率的发生机制和边界条件。有鉴于此，本书分别从企业融资约束、企业所处生命周期、企业所有权性质以及企业技术密集度方面对数字技术应用影响制造业企业产能利用率的异质性进行讨论。

一、基于企业融资约束的异质性检验

企业融资约束越大，表明其自我修正与调节产能的能力越差，因此，此类企业更容易出现严重的产能过剩。企业融资约束越小，越有能力应对外部冲击，可以及时调整企业的产能决策，这类企业出现严重产能过剩的概率较小。本书借鉴 Kaplan 和 Zingales（1997）的研究，根据企业经营性净现金流、总资产、资产负债率、股利、现金持有、托宾 *Q* 等构建 *KZ* 指数衡量融资约束。*KZ* 指数越大，企业的融资约束越高。另外，根据 Hadlock 和 Pierce（2010）的研究，构建 *SA* 指数[①]对企业面临的融资约束进行衡量，*SA* 指数越小，企业的融资约束越高。然后根据融资约束的年度中位数进行分组，将样本划分为高、低融资约束企业。从表 5-4 可以看出，企业应用数字技术对低融资约束样本企业的产能利用率具有显

① *SA* 指数 $=-0.737\times Size+0.043\times Size^2-0.04\times Age$。

著的提升作用，对高融资约束样本企业无显著影响，与预期一致。

表 5-4　企业融资约束的异质性检验

变量	融资约束 KZ 指数		融资约束 SA 指数	
	(1) 低	(2) 高	(3) 低	(4) 高
DTA	0.1388* (0.0784)	0.2055 (0.1466)	0.2266** (0.0973)	0.1075 (0.1225)
lev	0.0159 (0.0142)	-0.1345*** (0.0210)	-0.0621*** (0.0159)	-0.1011*** (0.0155)
ocf	0.1150*** (0.0213)	0.0433 (0.0275)	0.0635*** (0.0223)	0.1074*** (0.0219)
size	0.0039 (0.0036)	0.0275*** (0.0074)	0.0152*** (0.0056)	0.0166*** (0.0055)
Q	-0.0489*** (0.0070)	-0.0691*** (0.0143)	-0.0494*** (0.0083)	-0.0460*** (0.0084)
age	0.0217 (0.0263)	0.0076 (0.0496)	0.0442 (0.0303)	-0.1383*** (0.0493)
cap	0.0005 (0.0010)	0.0032*** (0.0011)	0.0011 (0.0013)	0.0026* (0.0014)
liqui	-0.0004 (0.0020)	-0.0091** (0.0037)	-0.0025 (0.0021)	-0.0052* (0.0028)
indr	-0.0234 (0.0351)	0.0670 (0.0523)	-0.0283 (0.0435)	0.0744* (0.0418)
*top*1	-0.0602** (0.0241)	-0.0005 (0.0309)	-0.0070 (0.0236)	-0.0137 (0.0260)
hhi	-0.0434** (0.0178)	0.0542** (0.0224)	-0.0044 (0.0180)	0.0119 (0.0195)
_cons	0.7257*** (0.0739)	0.7689*** (0.1362)	0.6452*** (0.0799)	1.1738*** (0.1545)
企业固定效应	Yes	Yes	Yes	Yes
时间固定效应	Yes	Yes	Yes	Yes
N	6042	6046	6765	6803
Adj R^2	0.5333	0.4313	0.4774	0.5057

注：***、**、*分别表示 1%、5%、10%的显著性水平；括号内为稳健标准误。

二、基于企业所处生命周期的异质性检验

本书参考 Anthony 和 Ramesh（1992）提出的企业生命周期度量方法。具体地，采用销售收入增长率、留存收益率、资本支出率及企业年龄综合评价划分企业生命周期，但是该方法并没有考虑到行业之间的差异。本书借鉴李云鹤等（2011）、梁上坤等（2019）的研究考虑了行业之间的差异，并根据中国上市企业已经度过初创期的实际情况，把企业生命周期划分为成长期、成熟期及衰退期。

从表 5-5 可知，对于成长期和衰退期的企业，数字技术应用能够加速企业自身成长并助力企业摆脱发展困境，从而更好地帮助企业解决产能过剩问题，提高产能利用率。从公司战略决策角度出发，参考波士顿矩阵，成长期和衰退期的企业更需要提高生产效率、挖掘新的业务，更有动力运用数字技术挖掘新的业务增长点。成长期的企业，通常面临较多外部威胁，数字技术应用能够助力企业快速提升其竞争力。处于衰退期的企业，虽然企业发展陷入僵局，但是根据前景理论，企业决策者可能会采取冒险决策，通过应用数字技术进行战略转型，解决企业产能过剩问题。

表 5-5　企业生命周期的异质性检验

变量	(1) 成长期	(2) 成熟期	(3) 衰退期
DTA	0.1675* (0.0938)	0.1497 (0.1257)	0.2560* (0.1500)
lev	−0.0692*** (0.0163)	−0.0973*** (0.0196)	−0.1073*** (0.0192)
ocf	0.0578* (0.0339)	0.1223*** (0.0285)	0.0701*** (0.0244)
size	0.0104 (0.0063)	0.0102* (0.0060)	0.0338*** (0.0081)
Q	−0.0631*** (0.0163)	−0.0427*** (0.0099)	−0.0498*** (0.0097)
age	0.0155 (0.0321)	−0.0045 (0.0297)	0.0050 (0.0356)

续表

变量	(1) 成长期	(2) 成熟期	(3) 衰退期
cap	0.0014 (0.0016)	0.0024*** (0.0006)	0.0019 (0.0016)
liqui	-0.0008 (0.0043)	-0.0013 (0.0035)	-0.0023 (0.0036)
indr	0.1029 (0.0949)	0.0126 (0.0559)	-0.0071 (0.0405)
*top*1	-0.0104 (0.0472)	0.0126 (0.0292)	0.0245 (0.0310)
hhi	-0.0039 (0.0343)	-0.0012 (0.0278)	-0.0168 (0.0214)
_*cons*	0.7097*** (0.0967)	0.7586*** (0.0845)	0.7523*** (0.1035)
企业固定效应	Yes	Yes	Yes
时间固定效应	Yes	Yes	Yes
N	2984	4257	6256
Adj R^2	0.5364	0.5197	0.4507

注：***、**、*分别表示1%、5%、10%的显著性水平；括号内为稳健标准误。

三、基于企业所有权性质的异质性检验

国有企业是国有资本参与控股的企业，与政府关系密切，更容易获取财政、金融资源（王桂军与卢潇潇，2019）。但同时国有企业更容易受到政府干预，会导致其不考虑企业自身发展需求盲目投资，容易造成产能过剩。肖土盛等（2022）的研究显示，国有企业的数字化程度明显低于非国有企业，该结果反映了国有企业体制机制相对僵化、缺乏竞争压力的问题。

由表5-6可知，数字技术应用对非国有企业的产能利用率具有显著的提升作用，对国有企业产能利用率的提升作用不显著。国有企业凭借自身的国家信誉链条嵌入优势，在资源获取、市场占有等方面具有先天的优势（吴非等，2021）。然而，国有企业缺乏竞争压力，在战略转型中动力不足，对前沿数字技术的关注度较低，企业自身尚无强烈意愿去应用数字技术。与此形成鲜明对比的是，非国有企业面对的是“不进则退”的市场竞争，这些公司在进行技术变革时，具有

较强的主动性，以争取在激烈的市场中占有一席之地。因此，非国有企业具有更强的动力去推进数字技术的应用，持续增强企业竞争力，从而提升企业产能利用率。

表 5-6　企业所有权性质的异质性检验

变量	(1) 国有企业	(2) 非国有企业
DTA	0.2580 (0.1784)	0.2026** (0.0818)
lev	-0.1535*** (0.0215)	-0.0626*** (0.0122)
ocf	0.0594** (0.0294)	0.0909*** (0.0179)
size	0.0193** (0.0085)	0.0231*** (0.0052)
Q	-0.0374** (0.0167)	-0.0409*** (0.0065)
age	-0.0361 (0.0542)	0.0274 (0.0204)
cap	0.0028 (0.0022)	0.0007 (0.0009)
liqui	-0.0055 (0.0048)	-0.0026 (0.0018)
indr	0.0496 (0.0570)	-0.0180 (0.0321)
*top*1	-0.0316 (0.0345)	0.0314 (0.0209)
hhi	0.0353 (0.0249)	-0.0118 (0.0155)
_cons	0.8674*** (0.1486)	0.6567*** (0.0585)
企业固定效应	Yes	Yes
时间固定效应	Yes	Yes
N	4233	10302
$Adj\ R^2$	0.4997	0.4816

注：***、**、*分别表示1%、5%、10%的显著性水平；括号内为稳健标准误。

四、基于企业技术密集度的异质性检验

下面本书针对企业的技术密集度进行了异质性检验。由表 5-7 可知，企业应用数字技术对高科技企业的产能利用率影响系数为 0.2727，通过了 1%的显著性检验；企业应用数字技术对非高科技企业的产能利用率影响系数为 0.3615，同样通过了 1%的显著性检验。这表明，数字技术应用在非高科技企业组别中对产能利用率的提升效果更好。本书认为，科技创新是高科技公司生产和运营的一个重要方向，数字技术的创新和变革，无疑是高科技企业所关注和投资的重点。因此高科技企业应用数字技术会消化产能过剩，提升其产能利用率，但同时，鉴于高科技企业数字技术应用较为普遍，其对企业产能利用率的提升作用较为有限。对于非高科技企业而言，应用数字技术能助力企业快速改进生产经营决策，缓解企业的产能过剩问题，有效提升其产能利用率。数字经济时代，一个重要的着力点是数字技术赋能传统产业转型升级，数字技术应用在传统产业释放出更大的数字红利（肖土盛等，2022），对企业产能利用率产生更大的提升作用。

表 5-7 企业技术密集度的异质性检验

变量	(1) 高科技企业	(2) 非高科技企业
DTA	0.2727*** (0.0879)	0.3615*** (0.1231)
lev	-0.0870*** (0.0128)	-0.0954*** (0.0209)
ocf	0.0749*** (0.0176)	0.1108*** (0.0312)
size	0.0211*** (0.0046)	0.0097* (0.0058)
Q	-0.0427*** (0.0064)	-0.0364*** (0.0107)
age	0.0275 (0.0209)	0.0034 (0.0369)
cap	0.0001 (0.0009)	0.0022*** (0.0008)

续表

变量	(1) 高科技企业	(2) 非高科技企业
liqui	-0.0042** (0.0019)	-0.0019 (0.0037)
indr	0.0080 (0.0355)	0.0432 (0.0525)
*top*1	0.0117 (0.0204)	0.0357 (0.0319)
hhi	0.0157 (0.0173)	-0.0169 (0.0197)
_*cons*	0.6638*** (0.0593)	0.7069*** (0.1060)
企业固定效应	Yes	Yes
时间固定效应	Yes	Yes
N	11216	3312
Adj R^2	0.4901	0.5016

注：***、**、*分别表示1%、5%、10%的显著性水平；括号内为稳健标准误。

第四节　内生性问题的处理

上述实证分析证明了数字技术应用对企业产能利用率具有显著的正向影响，并且在产能利用率不同分位点和企业融资约束、企业所处生命周期、企业所有权性质以及企业技术密集度上存在异质性。但本书也可能由于遗漏变量、双向因果关系以及样本自选择问题产生内生性问题。虽然上述回归模型通过加入一系列控制变量，并控制了时间以及个体固定效应，在很大程度上减轻了遗漏变量导致的内生性偏误问题。但仍存在一些难以刻画和度量的因素，这种遗漏变量问题可能导致估计系数存在偏误。另外，也可能存在反向因果关系，产能利用率水平高的企业更倾向于采用数字技术。本书利用份额移动法构造工具变量，采用多时点DID模型将国家级大数据综合实验区的建设作为外生政策冲击进行缓解。另外，

针对样本自选择问题，采用 Heckman 两阶段模型进行检验与修正。

一、Bartik 工具变量法

Bartik 工具变量法是指使用份额移动法构造工具变量，用分析单元初始的份额（外生变量）和总体增长率（共同冲击）来模拟出历年估计值，该估计值和实际值高度相关，满足相关性假设，但与残差项不相关，满足排他性假设。本书参考 Bartik（1993）的做法，构建一个 Bartik 工具变量。该方法鉴于其优良性得到广泛应用（Boustan 等，2013；Enamorado 等，2016；周茂等，2019；Goldsmith-Pinkham 等，2020）。

考虑到数字技术应用是以信息网络为重要载体的事实，一方面，就中国互联网接入技术而言，最初是由电话线拨号系统起步的，在固定电话普及之前，大多采用邮局系统进行信息传递，同时邮局又是铺设固定电话的主要执行部门，所以邮局布局会在一定程度上影响固定电话的分布，从而影响互联网的先期接入。当地历史上的邮电基础设施会因为技术问题以及使用习惯等原因，影响到后续互联网信息技术的普及与应用。满足工具变量相关性的假设前提。另一方面，邮电这一传统通信工具对经济发展的影响逐渐减小，历史上邮电业务量不会对企业现阶段的产能利用率产生影响，满足工具变量排他性的假设前提。基于这个逻辑，借鉴黄群慧等（2019）、柏培文和喻理（2021）、韩璐等（2021）的研究，本书选取了历史上各省份 1984 年邮电业务量占全国的比例作为初始外生份额，然后将其乘以除本省份外的全国制造业企业数字技术应用水平增长率（共同冲击），构造了企业数字技术应用水平的 Bartik 工具变量。

下面检验 Bartik 工具变量的有效性。Anderson LM 统计量检验结果在 1%的水平上拒绝“工具变量识别”的原假设，这表明工具变量与内生解释变量之间具有较强相关性。并且，Cragg-Donald Wald F 统计量拒绝工具变量弱识别的原假设，表明不存在弱工具变量问题。综上所述，上述检验结果验证了本书构建的工具变量是有效的。工具变量第一阶段、第二阶段回归结果见表 5-8 第（1）、第（2）列。第一阶段回归结果表明，Bartik 工具变量的系数在 1%的水平上显著为正，表明地区邮电业务与企业数字技术应用水平具有显著的正相关关系。第二阶段回归结果表明，与基准回归相比，工具变量法所估计的系数有所波动，但是核心变量即企业数字技术应用水平的符号未发生变化，并且在 5%的水平上显著，这表明本书的基准回归结果是相对稳健的。

表 5-8 Bartik 工具变量回归结果

变量	(1) 第一阶段 *DTA*	(2) 第二阶段 *CUR*
DTA	—	3.6200** (1.6329)
iv	0.0601*** (0.0148)	—
lev	0.0007 (0.0012)	-0.0922*** (0.0084)
ocf	-0.0067*** (0.0022)	0.1124*** (0.0186)
size	0.0044*** (0.0004)	0.0052 (0.0077)
Q	0.0019** (0.0008)	-0.0516*** (0.0062)
age	-0.0042* (0.0024)	0.0316* (0.0175)
cap	0.0002*** (0.0001)	0.0007 (0.0006)
liqui	-0.0001 (0.0003)	-0.0036* (0.0021)
indr	-0.0100*** (0.0035)	0.0439 (0.0282)
*top*1	-0.0123*** (0.0021)	0.0547** (0.0248)
hhi	0.0017 (0.0020)	-0.0047 (0.0136)
_*cons*	0.0186*** (0.0061)	0.6554*** (0.0531)
企业固定效应	Yes	Yes
时间固定效应	Yes	Yes
Anderson LM 统计量	—	19.108 [0.000]
Cragg-Donald Wald F 统计量	—	16.523 {16.38}
N	14545	14545
R^2	0.1396	0.3953

注：***、**、*分别表示 1%、5%、10%的显著性水平；（）内为稳健标准误，[ ] 内为 p 值，{ } 内为 Stock-Yogo 弱识别检验 10%的水平上的临界值。

二、多时点 DID 模型

（一）多时点 DID 回归结果分析

为了进一步缓解内生性问题，本书借助国家级大数据综合试验区这一发生在近期难得的准自然试验，作为外生政策冲击，以多时点双重差分（DID）模型进行评估。国家级大数据综合试验区的建设不仅能深化数据的挖掘与应用，同时新型数字基础设施的建设也会加速试验区内制造业企业数字技术的应用，有利于制造业企业突破生产瓶颈，缓解制造业企业劳动力成本上升、经营绩效下滑的问题（孙哲远，2022）。国家级大数据综合试验区的建设有利于大数据产业的集聚，数字技术应用由企业层面的应用拓展到产业链层面的应用，能够优化试验区内资源要素的配置，有效提升企业产能利用率。

通过建立国家级大数据综合试验区，实现了数据资源的共建，将有利于打破地区的垄断和封锁，消解地方保护性商品流通壁垒。国家级大数据综合试验区的设立，缓解了企业的融资约束，优化了地区创新创业生态，有助于促进区域内创新资源的聚集和流动、提高制造业企业进行生产性活动的意愿、提升产品质量、增强产品竞争力，助力制造业重塑核心竞争力（杨慧梅和江璐，2021）。国家级大数据综合试验区设立所引发的创新驱动效应能够提升企业对新市场的把握能力（董琴，2022）。试验区内的创新创业生态和企业数字化转型加速了新产业、新业态和新模式的涌现，有利于化解企业过剩产能，提高产能利用率。

本书参考邱子迅和周亚虹（2021）、徐林等（2022）的研究，将贵州省的政策节点设定为 2015 年，其他试验区的政策节点设为 2016 年。传统双重差分模型是基于单时点的模型设置，无法对其政策效果进行有效评估。为此，本书参考 Beck 等（2010）的研究，构建多时点 DID 模型进行分析，多时点 DID 模型将传统 DID 模型中处理组—时间的交互项更换为随个体—时间可变的政策虚拟变量，可以用于识别渐进推进政策的效应，具体模型设定如下：

$$CUR_{i,\ c,\ t} = \alpha + \beta_1 Policy_{i,\ c,\ t} + \sum controls_{i,\ t} + \sum indus_i + \sum year_t + \varepsilon_{i,\ t} \tag{5-3}$$

其中，i 代表企业，c 代表企业所处城市，t 代表年份，$CUR_{i,c,t}$ 代表企业的产能利用率，$Policy_{i,c,t}$ 代表国家级大数据试验区的政策变量。如果企业 i 所在的地级市 c 为国家级大数据综合试验区，则 $policy_{i,c,t}$ 为 1，否则为 0。$\sum controls_{i,\ t}$ 为控制变量，$\sum indus_i$ 为企业所在行业固定效应，$\sum year_t$ 为年度固定效应，$\varepsilon_{i,t}$ 为随机干扰项。β_1 为本书关注系数，表示国家级大数据综合试验区建设对企业产能利用率的影响，回归结果如表 5-9 所示。回归结果均表明，国家级大数据综合试验区建设对企业的产能利用率具有显著正向影响。

表 5-9　多时点 DID 回归结果

变量	(1) *CUR*	(2) *CUR*
Policy	0.0155*** (0.0038)	0.0153*** (0.0036)
lev		-0.0743*** (0.0092)
ocf		0.2093*** (0.0178)
size		0.0145*** (0.0019)
Q		-0.0267*** (0.0025)
age		0.0137** (0.0058)
cap		-0.0007 (0.0009)
liqui		-0.0084*** (0.0018)
indr		-0.0442* (0.0246)
*top*1		0.0251** (0.0108)
hhi		-0.0049 (0.0133)
_*cons*	0.6420*** (0.0018)	0.6811*** (0.0182)
行业固定效应	Yes	Yes
时间固定效应	Yes	Yes
N	14578	14578
Adj R^2	0.0506	0.1463

注：***、**、*分别表示 1%、5%、10%的显著性水平；括号内为稳健标准误。

（二）平行趋势假设

使用双重差分最重要的前提是要满足平行趋势假设。本书参考 Beck 等（2010）的研究方法，将政策实施时间虚拟变量与政策虚拟变量交乘后带入回归模型。为了直观反映平行趋势检验结果，本书采用图示法比较国家级大数据综合试验区政策实施前后企业产能利用率的变化，结果如图 5-3 所示。可知，在国家级大数据综合试验区政策实施前，实验组与控制组的企业产能利用率水平不存在显著差异，这表明试验区政策满足平行趋势假设，即控制组和实验组在政策实施之前是可比的。政策实施之后，国家级大数据综合试验区建设对企业产能利用率具有显著正向影响。

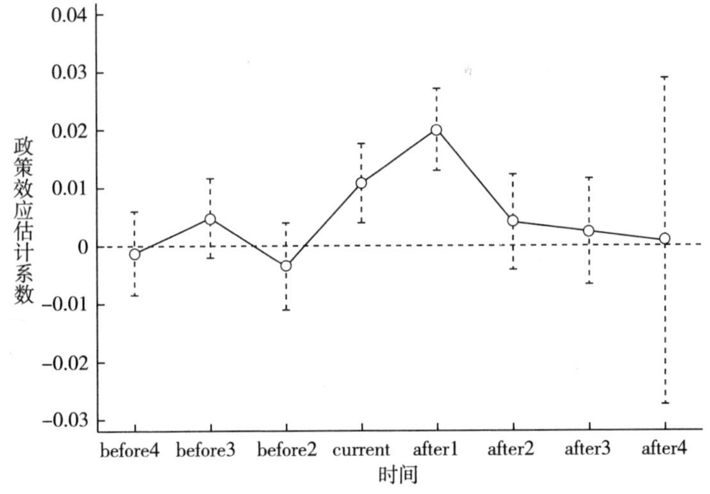

图 5-3　平行趋势检验

三、Heckman 两阶段模型

不是所有的样本企业都使用了数字技术，本书使用 Heckman 两阶段模型对可能存在的样本选择偏误问题进行处理。借鉴何瑛等（2019）的做法，在第一阶段 Probit 模型中，依据企业产能利用率（*CUR*）的行业年度中位数设置虚拟变量 *CUR_D*，大于中位数取 1，否则取 0，同时加入同行业其他企业产能利用率均值（*CUR_P*）作为工具变量，根据回归结果计算逆米尔斯比（*IMR*），在第二阶段代入 *IMR* 进行拟合。估计结果如表 5-10 所示，可知，考虑自选择偏误加入 *IMR*

后，*DTA* 的系数在 1%的水平下显著为正，表明企业数字技术应用可以提升产能利用率的核心结论依旧成立。

表 5-10　Heckman 两阶段回归结果

变量	(1) 第一阶段 *CUR_D*	(2) 第二阶段 *CUR*
DTA		0.2499*** (0.0577)
CUR_P	-3.7905*** (0.7270)	
IMR		-0.2590*** (0.0438)
lev	-0.5595*** (0.0647)	0.0072 (0.0178)
ocf	2.0788*** (0.1799)	-0.2547*** (0.0571)
size	0.1120*** (0.0155)	0.0021 (0.0041)
Q	-0.3253*** (0.0209)	0.0010 (0.0088)
age	0.1878*** (0.0414)	0.0013 (0.0149)
cap	-0.0125* (0.0072)	0.0041*** (0.0008)
liqui	-0.0875*** (0.0296)	0.0093*** (0.0027)
indr	-1.0208*** (0.2033)	0.1839*** (0.0354)
*top*1	0.1917** (0.0802)	-0.0220 (0.0154)
hhi	-0.0621 (0.1075)	0.0114 (0.0128)
_*cons*	3.2761*** (0.4966)	0.7868*** (0.0450)

续表

变量	(1) 第一阶段 *CUR_D*	(2) 第二阶段 *CUR*
企业固定效应	Yes	Yes
时间固定效应	Yes	Yes
N	14578	14578
$Pseudo\ R^2/Adj\ R^2$	0.0661	0.4822

注：***、**、*分别表示1%、5%、10%的显著性水平；括号内为稳健标准误。

第五节 稳健性检验

一、缓解企业策略性信息披露行为

第一，更换企业数字技术应用测算方法。首先利用机器学习的方法统计公司每年申请的数字技术专利数量，将其取自然对数后用于衡量数字技术，记为 *DTA*1。若没有数字技术专利，则对 *DTA*1 赋值为 0。其次参考祁怀锦等（2020）、张永珅等（2021）的研究，以无形资产中与数字技术相关的部分占无形资产总额的比例来衡量企业的数字技术应用水平，记为 *DTA*2。表 5-11 第（1）列和第（2）列显示，更换了企业数字技术应用测算方法之后，数字技术应用仍然可以显著提升企业的产能利用率。

第二，在基准回归模型的基础上控制企业会计信息质量。采用反映企业推迟确认损失或费用并加速确认收入的会计盈余激进度指标（*Ea*）和反映企业会计盈余和现金流匹配程度的盈余平滑度指标（*Es*）来代表企业会计信息质量。表 5-11 第（3）列显示，控制了会计信息质量指标之后，数字技术应用仍然可以显著提升企业的产能利用率。

第三，加入信息披露质量作为控制变量。本书构建信息透明度指标以及 *KV* 指数来衡量信息披露质量。参考辛清泉等（2014）的研究，从盈余质量、信息披露考评指数、分析师跟踪人数、分析师盈余预测和是否聘用国际四大来衡量公司的透明度（*Trans*），*Trans* 越大，公司透明度越高。另外，参考 Kim 和 Verrecchia（2001），构建 *KV* 指数衡量信息披露质量。*KV* 指数体现了投资者对于信息不对称程度的客观评价，既涵盖了强制性信息披露，也涵盖了自愿性信息披露，从而可以全面评价上市公司信息披露质量。回归结果见表 5-11 第（4）列和第（5）列，可知，控制了信息披露质量指标（信息透明度指标以及 *KV* 指数）之后，数字技术应用仍然可以显著提升企业的产能利用率。

第四，仅保留样本期内信息披露考评等级为优秀或良好的企业样本重新进行检验。信息披露考核评价结果是指上市公司信息披露考评等级，根据上市公司年度信息披露行为，证券交易所对其信息披露质量进行全面评价，划分为优秀、良好、及格和不及格四个等级。回归结果如表 5-11 第（6）列所示，数字技术应用仍然可以显著提升企业的产能利用率。

表 5-11　排除企业策略性信息披露行为的实证检验

变量	(1) *CUR*	(2) *CUR*	(3) *CUR*	(4) *CUR*	(5) *CUR*	(6) *CUR*
	替换自变量	替换自变量	控制会计信息质量	控制信息透明度	控制 *KV* 指数	控制信息披露等级
DTA1	0.0055*** (0.0012)					
DTA2		0.0252* (0.0130)				
DTA			0.2417*** (0.0873)	0.1885*** (0.0668)	0.2488*** (0.0735)	0.1384* (0.0805)
lev	-0.0894*** (0.0110)	-0.0877*** (0.0109)	-0.1095*** (0.0133)	-0.0742*** (0.0102)	-0.0879*** (0.0110)	-0.0394*** (0.0127)
ocf	0.0871*** (0.0154)	0.0864*** (0.0155)	0.0892*** (0.0202)	0.0599*** (0.0147)	0.0857*** (0.0156)	0.0809*** (0.0174)
size	0.0183*** (0.0046)	0.0209*** (0.0046)	0.0178*** (0.0052)	0.0125*** (0.0045)	0.0184*** (0.0047)	0.0188*** (0.0056)
Q	-0.0443*** (0.0055)	-0.0437*** (0.0055)	-0.0575*** (0.0136)	-0.0452*** (0.0052)	-0.0441*** (0.0056)	-0.0382*** (0.0064)
age	0.0184 (0.0186)	0.0189 (0.0185)	0.0169 (0.0297)	0.0032 (0.0177)	0.0187 (0.0186)	0.0295* (0.0176)
cap	0.0014* (0.0008)	0.0013 (0.0008)	0.0026*** (0.0007)	0.0010 (0.0007)	0.0014 (0.0009)	0.0013 (0.0009)

续表

变量	(1) CUR 替换自变量	(2) CUR 替换自变量	(3) CUR 控制会计信息质量	(4) CUR 控制信息透明度	(5) CUR 控制 KV 指数	(6) CUR 控制信息披露等级
liqui	-0.0037** (0.0017)	-0.0039** (0.0017)	-0.0042 (0.0027)	-0.0023 (0.0016)	-0.0037** (0.0017)	-0.0061*** (0.0019)
indr	0.0127 (0.0299)	0.0090 (0.0300)	0.0420 (0.0355)	0.0198 (0.0287)	0.0103 (0.0299)	-0.0137 (0.0337)
*top*1	0.0092 (0.0180)	0.0101 (0.0181)	0.0095 (0.0222)	0.0053 (0.0172)	0.0142 (0.0181)	-0.0173 (0.0190)
hhi	-0.0000 (0.0132)	0.0010 (0.0133)	-0.0015 (0.0154)	0.0046 (0.0127)	0.0008 (0.0132)	-0.0051 (0.0156)
Ea			0.0013 (0.0077)			
Es			0.0010*** (0.0002)			
Trans				0.1454*** (0.0066)		
KV					0.0217*** (0.0039)	
_cons	0.6898*** (0.0530)	0.6936*** (0.0529)	0.7255*** (0.0768)	0.6883*** (0.0507)	0.6812*** (0.0528)	0.6606*** (0.0505)
企业固定效应	Yes	Yes	Yes	Yes	Yes	Yes
时间固定效应	Yes	Yes	Yes	Yes	Yes	Yes
N	14578	14578	10892	14578	14462	8500
Adj R^2	0.4807	0.4795	0.4846	0.5090	0.4811	0.4757

注：***、**、*分别表示1%、5%、10%的显著性水平；括号内为稳健标准误。

二、替换被解释变量

前文基准回归参考 Aretz 和 Pope（2018）基于改进的随机前沿模型法计算产能利用率，下面构建超额产能过剩指标（*abCUR*），即企业当期产能利用率水平与行业当期产能利用率平均水平之差，作为企业产能利用率的替代指标，回归结果如表 5-12 第（1）列所示。可知，企业应用数字技术仍然能够显著促进其产能利用率的提升。

另外，参考陈少凌等（2021）的研究，采用基于产出角度的随机前沿模型法重新测算制造业企业产能利用率。测算模型如下所示：

$$\ln Q_{it}=\alpha+\beta_1 \ln labor_{it}+\beta_2 \ln capital_{it}+v_{it}-\mu_{it} \tag{5-4}$$

其中，Q_{it} 为企业 i 第 t 年的实际产出水平，用营业收入来衡量。$labor_{it}$ 为劳动力生产要素，由在职员工数表征。$capital_{it}$ 为资本生产要素，由固定资产净值来衡量。v_{it} 为代表统计噪声的对称随机误差项，μ_{it} 为效率损失。根据 Coelli 等（2005）的定义，企业的产能利用率是其实际产出水平与式（5-4）拟合出的效率生产水平之比，即：

$$TE_{it}=\frac{Q_{it}}{\exp(\beta_1 \ln labor_{it}+\beta_2 \ln capital_{it}+v_{it})}=\exp(-\mu_{it})\leqslant 1 \tag{5-5}$$

将利用基于产出角度的随机前沿模型法测算出的产能利用率 TE 代入基准回归模型，回归结果如表 5-12 第（2）列所示。可知，更换产能利用率的测算方法之后，企业应用数字技术仍然能够显著促进其产能利用率的提升。

表 5-12　替换被解释变量

变量	(1) *abCUR*	(2) *TE*
DTA	0.2844*** (0.0710)	0.0792*** (0.0159)
lev	-0.0703*** (0.0106)	0.0164*** (0.0026)
ocf	0.0787*** (0.0154)	0.0287*** (0.0028)
size	0.0206*** (0.0045)	0.0076*** (0.0008)
Q	-0.0407*** (0.0055)	0.0024* (0.0013)
age	0.0163 (0.0186)	0.0078** (0.0037)
cap	0.0016** (0.0008)	0.0013*** (0.0003)

续表

变量	(1) *abCUR*	(2) *TE*
liqui	-0.0026 (0.0016)	-0.0001 (0.0003)
indr	-0.0080 (0.0278)	-0.0067 (0.0041)
*top*1	0.0072 (0.0180)	0.0043 (0.0043)
hhi	-0.0115 (0.0129)	-0.0033 (0.0021)
_cons	0.0565 (0.0526)	0.6765*** (0.0099)
企业固定效应	Yes	Yes
时间固定效应	Yes	Yes
N	14578	14578
Adj R^2	0.4613	0.8300

注：***、**、*分别表示1%、5%、10%的显著性水平；括号内为稳健标准误。

三、多维度控制遗漏变量

第一，鉴于地区层面宏观经济环境、经济周期对产能利用率的宏观调控影响，本书在基准回归模型的基础上增加GDP增速（*GDP*1）、人均GDP（*GDP*2）以及消费率①（*Consum*）等因素重新进行估计。回归结果见表5-13第（1）列，可知，控制了宏观层面的变量之后，数字技术应用仍显著提升企业产能利用率。第二，考虑到一些宏观因素对不同省份、行业的影响在不同年份具有差异性，从而对研究结论造成干扰，本书在基准回归模型的基础上控制省份×年份固定效应、行业×年份固定效应以及省份×行业×年份固定效应，进行高阶联合固定效应检验。回归结果如表5-13第（2）、第（3）列所示，可知，在控制高阶联合固定效应之后，企业应用数字技术仍能显著提升其产能利用率。

① 消费率是指一个国家或地区在一定时期（本书统计的每年）的最终消费占当年GDP的比率。

表 5-13　多维度控制遗漏变量

变量	(1) *CUR*	(2) *CUR*	(3) *CUR*
DTA	0.2531*** (0.0734)	0.2714*** (0.0747)	0.2030** (0.0822)
lev	-0.0877*** (0.0109)	-0.0776*** (0.0107)	-0.0879*** (0.0117)
ocf	0.0887*** (0.0155)	0.0874*** (0.0158)	0.0852*** (0.0171)
size	0.0196*** (0.0047)	0.0189*** (0.0047)	0.0175*** (0.0053)
Q	-0.0453*** (0.0056)	-0.0417*** (0.0056)	-0.0385*** (0.0061)
age	0.0171 (0.0187)	0.0240 (0.0193)	0.0216 (0.0200)
cap	0.0014* (0.0008)	0.0014* (0.0008)	0.0022*** (0.0007)
liqui	-0.0038** (0.0017)	-0.0035** (0.0017)	-0.0035* (0.0019)
indr	0.0100 (0.0299)	-0.0160 (0.0289)	-0.0092 (0.0315)
*top*1	0.0130 (0.0179)	0.0159 (0.0179)	0.0118 (0.0199)
hhi	-0.0009 (0.0132)	0.0294 (0.2276)	-0.0015 (0.0277)
*GDP*1	0.0140 (0.0158)		
*GDP*2	0.0029** (0.0012)		
Consum	0.0001 (0.0005)		
_*cons*	0.6600*** (0.0620)	0.6718*** (0.0588)	0.6792*** (0.0563)
企业固定效应	Yes	Yes	Yes
年份固定效应	Yes	No	No
年份×省份	No	Yes	No

续表

变量	(1) *CUR*	(2) *CUR*	(3) *CUR*
年份×行业	No	Yes	No
年份×省份×行业	No	No	Yes
N	14578	14578	14578
Adj R^2	0.4808	0.4985	0.5017

注：***、**、*分别表示1%、5%、10%的显著性水平；括号内为稳健标准误。

四、子样本回归

为排除新冠疫情的冲击，删除新冠疫情之后的样本。中国政府在2015年提出供给侧结构性改革，推进“三去一降一补”，去产能居首位，将样本期间缩小至供给侧结构性改革之前，排除供给侧结构性改革的影响，重新进行回归估计。子样本回归结果见表5-14第（1）列和第（2）列。可知，排除新冠疫情以及供给侧结构性改革的冲击之后，企业应用数字技术仍然能够显著促进其产能利用率的提升。

表5-14　子样本回归

变量	(1) *CUR*	(2) *CUR*
DTA	0.2427*** (0.0750)	0.2113* (0.1276)
lev	-0.0811*** (0.0113)	-0.0762*** (0.0167)
ocf	0.0711*** (0.0159)	0.0667*** (0.0205)
size	0.0199*** (0.0048)	0.0272*** (0.0067)
Q	-0.0464*** (0.0060)	-0.0295*** (0.0081)

续表

变量	(1) CUR	(2) CUR
age	0.0301 (0.0192)	0.0323 (0.0308)
cap	0.0014* (0.0008)	0.0015** (0.0008)
liqui	-0.0030* (0.0017)	0.0036 (0.0028)
indr	0.0143 (0.0306)	-0.0170 (0.0343)
*top*1	0.0071 (0.0191)	-0.0221 (0.0292)
hhi	-0.0418 (0.0260)	-0.0319 (0.0408)
_*cons*	0.6687*** (0.0544)	0.6519*** (0.0798)
企业固定效应	Yes	Yes
年份×省份×行业	Yes	Yes
N	12936	6028
Adj R^2	0.4883	0.5762

注：***、**、*分别表示1%、5%、10%的显著性水平；括号内为稳健标准误。

第六节　数字技术应用影响企业产能利用率的拓展性分析

一、企业绩效分析

产能过剩最直接、最明显的后果是产品价格的大幅下降，产成品库存积压，

企业开工率急剧降低，企业绩效严重下降，亏损企业增加（韩国高等，2011）。根据前文的理论分析和实证检验，数字技术应用对企业产能利用率具有提升作用。本书是在产业组织理论SCP框架下分析数字技术应用对产能利用率的提升作用，最终的落脚点是绩效。为此，本书进一步探讨数字技术应用对产能利用率的提升是否能带来企业绩效和企业全要素生产率的提升，分析数字技术应用影响企业产能利用率的经济效应。

企业绩效用总资产收益率（*ROA*）和净资产收益率（*ROE*）来表示，其中，总资产收益率=净利润/总资产，净资产收益率=净利润/净资产，用来衡量企业每单位资产所产生的净利润大小，是评价企业盈利能力的重要指标。全要素生产率的计算建立在柯布—道格拉斯生产函数上，本书借鉴 Olley 和 Pakes（1996）以及 Levinsohn 和 Petrin（2003）的做法计算中国制造业企业的全要素生产率。测算指标的选取上，参考 Giannetti 等（2015）、赵健宇和陆正飞（2018）的研究，以营业收入测度总产出，以固定资产净额测度资本要素投入，以员工人数测度劳动要素投入，以营业成本、销售费用、管理费用、财务费用与支付给职工以及为职工支付的现金测度企业中间品投入，以购建固定资产、无形资产和其他长期资产所支付的现金测度企业资本性支出，进行全要素生产率（*TFP_OP*/*TFP_LP*）的计算。回归结果如表5-15所示，可知，企业应用数字技术对产能利用率的提升可以带动企业绩效和全要素生产率的提升。企业产能利用率的提升意味着闲置要素利用率的提升，实现了要素的集约化利用，资源浪费问题得到缓解，并且降低了企业的库存支出，从而可以提升企业绩效和全要素生产率。

表5-15　数字技术应用影响企业产能利用率的经济效应分析

变量	(1) *ROA*	(2) *ROE*	(2) *TFP_OP*	(3) *TFP_LP*
CUR	0.1654*** (0.0078)	0.3467*** (0.0182)	1.5125*** (0.0590)	1.8451*** (0.1167)
控制变量	Yes	Yes	Yes	Yes
_cons	-0.0620* (0.0322)	-0.1815*** (0.0634)	4.0917*** (0.2562)	5.6129*** (0.3568)
企业固定效应	Yes	Yes	Yes	Yes

续表

变量	(1) *ROA*	(2) *ROE*	(2) *TFP_OP*	(3) *TFP_LP*
时间固定效应	Yes	Yes	Yes	Yes
N	14578	14578	14578	14578
Within R^2	0.2087	0.1671	0.2061	0.1598

注：***、**、*分别表示1%、5%、10%的显著性水平；括号内为稳健标准误。

二、行业溢出效应

企业的信息透明度会对同行业企业的投资决策产生显著影响（Beatty 等，2013），并且中国同行业企业之间存在“产能攀比”现象（白让让，2016）。企业应用数字技术对本企业信息透明度和产能利用率的影响是否会影响同行业企业的产能配置？本书进行了数字技术应用影响企业产能利用率的行业溢出效应分析。具体地，本书探究了企业应用数字技术（*DTA*）对同行业其他企业产能利用率（*CUR_P*）的影响，回归结果如表 5-16 所示。可知，企业应用数字技术对同行业其他企业产能利用率的影响在当期（*CUR_P*）、第一期（*FCUR_P*）以及第二期（*F2CUR_P*）均不显著，在第三期（*F3CUR_P*）显著为正，这表明，数字技术应用提高企业产能利用率具有行业溢出效应，但是存在一定的滞后。这表明企业应用数字技术不仅可以提升自身的产能利用率，还可以提升同行业其他企业的产能利用率，具有正外部效应。

表 5-16　数字技术应用影响企业产能利用率的溢出效应分析

变量	(1) *CUR_P*	(2) *FCUR_P*	(3) *F2CUR_P*	(4) *F3CUR_P*
DTA	-0.0002 (0.0006)	-0.0005 (0.0003)	0.0001 (0.0003)	0.0005** (0.0003)
控制变量	Yes	Yes	Yes	Yes
_cons	0.6446*** (0.0004)	0.6448*** (0.0003)	0.6447*** (0.0002)	0.6446*** (0.0002)
企业固定效应	Yes	Yes	Yes	Yes
时间固定效应	Yes	Yes	Yes	Yes

续表

变量	(1) *CUR_P*	(2) *FCUR_P*	(3) *F2CUR_P*	(4) *F3CUR_P*
N	14578	12442	10321	8634
Within R^2	0.0038	0.0150	0.0089	0.0113

注：***、**、*分别表示1%、5%、10%的显著性水平；括号内为稳健标准误。

第七节　本章小结

本章开展了数字技术应用对制造业企业产能利用率影响的实证检验。构建基准回归模型检验了数字技术应用对制造业企业产能利用率的影响，研究结果表明，数字技术应用显著提升了企业产能利用率，数字技术应用提升企业产能利用率主要得益于企业在数字技术实践上的应用，这一层次的数字技术应用更关注数字技术与业务场景的融合创新，比底层数字技术应用对企业产能利用率的影响更为直接有效。为充分探究数字技术应用对制造业企业不同产能利用率水平的差异化影响，构建分位数回归模型缓解一般均值回归模型的限制。针对可能存在的内生性问题，使用Bartik工具变量、多时点DID模型以及Heckman两阶段模型进行检验与修正。针对可能出现的企业策略性信息披露问题，本书通过控制会计信息质量、信息披露质量等方式进行缓解。采用替换解释变量、替换被解释变量、多维度控制遗漏变量、子样本回归等一系列稳健性检验后，基本结论仍然成立。

根据企业的融资约束、所处生命周期、所有权性质以及技术密集度等因素检验了基准回归模型结论的异质性。分组回归结果表明：第一，企业应用数字技术对低融资约束样本企业的产能利用率具有显著的提升作用，对高融资约束样本企业无显著影响；第二，对于成长期和衰退期的企业，数字技术应用能够加速企业自身成长并助力企业摆脱发展困境，从而更好地帮助企业缓解产能过剩现象，提升产能利用率；第三，数字技术应用对国有企业产能利用率的提升作用不显著，但可以显著提升非国有企业的产能利用率；第四，数字技术应用在非高科技企业组别中对产能利用率的提升效果更好。数字经济时代，一个重要的着力点是数字技术赋能传统产业转型升级，数字技术应用在传统产业释放出更大的数字红利，对企业产能利用率产生了更大的提升作用。

本章还进行了拓展性分析，进一步探讨了企业数字技术应用对产能利用率的提升是否能带来企业绩效和企业全要素生产率的提升，分析数字技术应用影响企业产能利用率的经济效应。结果表明：企业应用数字技术对产能利用率的提升可以带动企业绩效和全要素生产率的提升。此外，本章还进行了数字技术应用影响企业产能利用率的行业溢出效应分析，结果表明：企业应用数字技术不仅可以提升自身的产能利用率，还可以提升同行业其他企业的产能利用率，具有正外部效应。

第六章　数字技术应用对制造业企业产能利用率的影响机制检验

第五章基准模型的回归结果表明，数字技术应用对制造业企业产能利用率具有显著的促进作用，那么数字技术应用对制造业企业产能利用率的提升是通过何种机制产生的？根据第三章的理论分析，从投资改善机制、企业柔性机制、创新激励机制以及人力资本机制方面探究了数字技术应用对制造业企业产能利用率的影响机制。本章在第五章数字技术应用对制造业企业产能利用率影响的实证检验基础上，构建机制检验模型，对第三章理论分析提出的数字技术应用影响制造业企业产能利用率的机制进行实证检验。

第一节　研究设计

一、模型设定和变量定义

根据前文的理论机制分析，数字技术应用可通过投资改善机制、企业柔性机制、创新激励机制以及人力资本机制提升企业产能利用率，本书借鉴 Chen 和 Fan（2020）、杨冕等（2022）、林伯强和谭睿鹏（2019）的研究设计，构建机制检验模型如下所示：

$$Mechanism_n = \alpha + \beta_1 DTA_{i,t} + \sum controls_{i,t} + \sum firm_i + \sum year_t + \varepsilon_{i,t} \tag{6-1}$$

式（6-1）中，$Mechanism_n$ 代表一系列机制变量，$DTA_{i,t}$ 代表企业 i 在第 t 期

的数字技术应用水平，$\sum controls_{i,t}$ 为控制变量，$\sum firm_i$ 为企业固定效应，$\sum year_t$ 为年度固定效应，$\varepsilon_{i,t}$ 为随机干扰项。根据回归系数 β_1 的正负向以及显著性判断相应的影响机制是否成立。表 6-1 为本章用到的主要变量的变量名称和变量说明。

表 6-1 变量说明

变量类型	变量名称	变量	变量说明
投资改善机制变量	投资效率	*Invest*	根据 Richardson（2006）模型测算的投资效率
	分析师跟踪人数	*Analyse*	衡量企业对市场信息的捕获水平
	信息披露透明度	*TRANS*	衡量市场对企业信息的获取水平
	委托代理	*Cost*	用经营费用率表征股东与管理层之间的委托代理成本
企业柔性机制变量	总资产周转率	*TAT*	企业资产运营效率
	销售范围拓展	*BRIR*	营业收入增长率
	管理费用率	*MFR*	管理费用和主营业务收入之比
创新激励机制变量	创新投入数量	*Inno*	企业研发投入金额取自然对数
	创新产出数量	*Patent*	企业专利授权量加 1 取自然对数
	创新质量	*PKW*	专利知识宽度
	政策性套利	*GS*	企业获得的政府补贴
	资本市场套利	*ILLIQ*	利用 Amihud 和 Mendelson（1986）的研究方法测算的股票流动性
人力资本机制变量	员工学历	*HCL*	企业本科及以上学历员工占比
	员工创收	*PCL*	企业人均创收取自然对数
	劳动力需求	*LD*	企业年末员工人数
	生产员工占比	*Prod*	企业员工中生产人员占比
	研发员工占比	*RD*	企业员工中研发人员占比
	技术员工占比	*Tech*	企业员工中技术人员占比
解释变量	数字技术应用	*DTA*	通过 python 爬虫技术分析上市公司年报得出数字技术应用特征词频占比
控制变量	财务杠杆	*lev*	总负债/总资产
	经营现金流	*ocf*	经营活动产生的现金流量净额/总资产
	公司规模	*size*	企业年末员工人数
	市场价值	*Q*	托宾 Q
	企业年龄	*age*	年份变量-企业创立年份+1 取自然对数

续表

变量类型	变量名称	变量	变量说明
控制变量	资本密度	*cap*	企业总资产/企业员工人数
	股票流动性	*liqui*	月均超额换手率
	独董比例	*indr*	期末独立董事人数/期末董事会人数
	股权集中度	*top*1	第一大股东持股数量/总股本
	产业集中度	*hhi*	制造业二位码行业层面赫芬达尔指数

二、数据来源与描述性统计

本章研究样本和第五章基准回归保持一致，仍为 2011~2020 年沪深两市 A 股制造业企业。变量选择上在第五章的基础上加入了一系列机制变量：投资改善变量、企业柔性变量、创新激励变量以及人力资本变量。数据来源于中国研究数据服务平台（CNRDS）、国泰安数据库（CSMAR）以及万得数据库（Wind）。数据处理方式同第五章，不再赘述。本章实证检验所用主要变量的描述性统计如表 6-2 所示。

表 6-2　描述性统计

变量类型	变量	样本量	平均值	标准差	最小值	最大值
投资改善变量	*Invest*	14578	0. 0401	0. 0494	0	0. 2937
	Analyse	14578	0. 0667	0. 0842	0	0. 3646
	TRANS	14578	0. 3377	0. 1797	0. 0050	0. 8200
	Cost	14558	0. 1721	0. 1313	0. 0151	1. 1869
企业柔性变量	*TAT*	14578	0. 6674	0. 3826	0. 1163	2. 3316
	BRIR	14578	0. 1575	0. 3471	-0. 4601	2. 1005
	MFR	14578	0. 0874	0. 0577	0. 0114	0. 3551
创新激励变量	*Inno*	13783	-0. 4980	1. 4094	-4. 7117	3. 2899
	Patent	14578	0. 4515	0. 9333	0	4. 4773
	PKW	10626	0. 3123	0. 2738	0	0. 8163
	GS	14578	0. 3784	0. 9065	0	6. 5601
	ILLIQ	14578	0. 0399	0. 0469	0	0. 2591

续表

变量类型	变量	样本量	平均值	标准差	最小值	最大值
人力资本变量	*HCL*	14578	0.1554	0.1663	0	0.7966
	PCL	14578	4.4848	0.7053	3.0269	6.5689
	LD	14578	0.4835	0.8160	0.0212	5.6079
	Prod	14578	0.5416	0.2032	0	0.8803
	RD	14578	0.0918	0.1004	0	0.5200
	Tech	14578	0.1730	0.1164	0	0.6398
解释变量	*DTA*	14578	0.0163	0.0241	0	0.1527
控制变量	*lev*	14578	0.3987	0.1892	0.0546	0.8499
	ocf	14578	0.0504	0.0643	-0.1295	0.2339
	size	14578	0.4835	0.8160	0.0212	5.6079
	Q	14578	2.1226	0.7211	0.6931	3.2581
	age	14578	2.8450	0.3331	1.7918	3.4657
	cap	14578	2.1129	2.4822	0.1236	105.1794
	liqui	14578	-0.1007	0.4555	-1.8842	0.9657
	indr	14578	0.3747	0.0534	0.3333	0.5714
	*top*1	14578	0.3356	0.1399	0.0900	0.7174
	hhi	14578	0.1359	0.1293	0.0194	0.6635

注：作者使用 stata17 整理所得。

第二节 数字技术应用的投资改善效应检验

市场不健全所产生的噪声会干扰市场运行的效果，导致企业的投资偏离最优状态（程新生等，2012）。在实际中，信息不对称和管理层投机行为的存在，使企业都不同程度地存在着部分非效率投资行为。企业应用数字技术有效增加了企业预测准确性，数字技术应用可以整合不同主体、不同组织的数据信息，摆脱以往的组织壁垒，从而加快信息和资源要素的自由流动，改善信息环境，有助于管理层的理性决策，降低投资失误，提高投资效率，进而提高产能利用率。本书采用 Richardson（2006）的模型来测算投资效率，如式（6-2）所示：

$$Invest_{i,t}^{new}=\alpha+\beta_1 Growth_{i,t-1}+\beta_2 Lev_{i,t-1}+\beta_3 Cash_{i,t-1}+\beta_4 Age_{i,t-1}+\beta_5 Size_{i,t-1}+\beta_6 Return_{i,t-1}+\beta_7 Invest_{i,t-1}^{new}+\varepsilon \tag{6-2}$$

式（6-2）中，$Invest_{i,t}^{new}$ 代表企业新增投资量，即总投资减去维持性投资。$Growth_{i,t-1}$ 代表企业成长机会，用总市值与总资产之比来表征，$Lev_{i,t-1}$、$Cash_{i,t-1}$、$Age_{i,t-1}$、$Size_{i,t-1}$、$Return_{i,t-1}$ 分别代表企业资产负债率、企业现金流量、企业上市年龄、总资产以及企业年度股票收益。根据模型（6-2）回归的残差 ε 判断企业投资效率，ε 代表实际投资效率与理想投资效率的偏离，当 ε 大于 0 时表示过度投资，ε 小于 0 时表示投资不足，本书采用 ε 的绝对值来衡量企业的非效率投资。投资效率机制检验结果如表 6-3 第（1）列所示，可知，企业数字技术应用的回归系数显著为负，说明数字技术应用可显著降低企业非效率投资水平，即提高投资效率，进而提升企业的产能利用率。

一、数字技术应用改善信息不对称

企业应用数字技术可以有效促进企业内部和外部信息的共享。造成企业产能过剩的一个重要因素是企业对市场需求的预测不够精确，而市场需求预测的准确性取决于信息收集的数量和质量。若企业在数字技术应用上的投入较多，则可发挥其数据挖掘与分析处理的优势，在海量数据中获取有价值的信息，从而更为准确地预测市场需求，减少投资失误，从而提高企业产能利用率。与此同时，企业应用数字技术获取外部信息时，也能通过数字化手段向外部传递经营信息，增加市场对企业的关注，积极引导市场预期（黄大禹等，2021）。本书利用分析师跟踪人数指标（*Analyse*）来衡量企业对市场信息的捕获水平，参考辛清泉等（2014）的研究，利用企业信息披露透明度（*Trans*）来衡量市场对企业信息的获取水平。检验结果如表 6-3 第（2）、第（3）列所示，可知，数字技术应用对分析师跟踪人数具有显著正向影响，也可以显著提升企业信息披露透明度，表明数字技术应用有效改善了企业内外部的信息不对称。

二、数字技术应用缓解委托代理问题

股东和管理层之间的委托代理问题会影响管理层的投资决策，企业应用数字技术可以强化股东对管理层投资行为的监督，缓解委托代理问题，减少管理层的投机行为和道德风险问题，有效约束管理层以实现企业提质增效为最终目标进行生产经营决策，降低管理层的非理性投资决策，提高投资效率，从而提升企业产能利用率。本书用经营费用率（*Cost*）表征股东与管理层之间的代理成本，即（管理费用+销售费用）/营业收入，该值越大意味着股东与管理层之间的代理问题越严重。检验结果如表6-3第（4）列所示，可知，数字技术应用可有效缓解企业的委托代理问题。

表6-3　投资改善效应检验

变量	(1) *Invest*	(2) *Analyse*	(3) *TRANS*	(4) *Cost*
DTA	-0.0640* (0.0333)	0.2581*** (0.0388)	0.4784*** (0.0842)	-0.0955* (0.0503)
lev	0.0247** (0.0103)	-0.0308*** (0.0049)	-0.0946*** (0.0121)	-0.0038 (0.0105)
ocf	-0.0306* (0.0161)	0.0726*** (0.0091)	0.1932*** (0.0212)	-0.1391*** (0.0151)
size	-0.0037*** (0.0011)	0.0333*** (0.0024)	0.0500*** (0.0043)	-0.0131*** (0.0018)
Q	-0.0026 (0.0017)	-0.0064** (0.0031)	0.0063 (0.0074)	-0.0039 (0.0038)
age	-0.0076* (0.0039)	-0.0063 (0.0106)	0.1063*** (0.0239)	-0.0132 (0.0134)
cap	0.0015** (0.0006)	0.0018*** (0.0004)	0.0026*** (0.0010)	-0.0017*** (0.0006)
liqui	0.0130*** (0.0022)	0.0048*** (0.0011)	-0.0106*** (0.0029)	0.0025 (0.0016)
indr	0.0170 (0.0187)	-0.0206 (0.0137)	-0.0649** (0.0324)	0.0051 (0.0194)
*top*1	-0.0140 (0.0107)	-0.0003 (0.0092)	0.0437** (0.0207)	-0.0146 (0.0119)
hhi	-0.0040 (0.0077)	-0.0092 (0.0082)	-0.0282 (0.0212)	0.0261** (0.0129)
_*cons*	0.0628*** (0.0117)	0.0921*** (0.0290)	0.0247 (0.0646)	0.2376*** (0.0372)
企业固定效应	Yes	Yes	Yes	Yes
时间固定效应	Yes	Yes	Yes	Yes
N	14578	14578	14578	14558
Adj R^2	0.0182	0.6494	0.5791	0.7778

注：***、**、*分别表示1%、5%、10%的显著性水平；括号内为稳健标准误。

第三节　数字技术应用的企业柔性效应检验

产能过剩反映了企业对市场需求变化的反应滞后，因此，企业需要提高柔性，面对内部干扰和外部环境变化时，企业可以快速响应。企业应用数字技术可以实现对产品生产、销售和管理过程的实时改进和监督，减少不必要的成本，提高企业产能利用率。

一、数字技术应用加速资产周转

数字技术可以提高商品的生产效率，提高资源配置效率，加速企业的资产周转，最大限度地避免生产浪费。就不同应用场景而言，大数据、人工智能以及云计算技术将有价值的信息充分、高效提取，提高了数据要素的利用效率（祁怀锦等，2020）。在区块链上实施“智能合约”，可以传递真实信息且不可篡改（Cong 和 He，2019）。制造业企业应用数字技术可以对自身的生产资源、生产线进行全局规划，增强企业的灵活性，缩短产品的制造周期，提高设备的使用效率，从而提升产能利用率。本书以总资产周转率（*TAT*）作为机制变量，该指标体现了企业在生产经营过程中，总资产从投入到产出的流转速率，反映了企业总资产的利用效率。由表 6-4 第（1）列可知，数字技术应用对制造业企业总资产周转率的影响显著为正。

二、数字技术应用拓展销售范围

数字技术对企业柔性的提升不仅体现在产品的生产过程中，还体现在产品的销售过程中。数字技术的应用缓解了供需方之间的信息不对称，降低了消费者的信息搜索时间和成本，增加了供需双方的交流，拓展了销售范围，有效扩大了市场份额，降低了外部环境冲击造成的影响。互联网电商平台的兴起，使制造业企业突破了传统商业模式的局限，企业能够以较低成本进入线上市场，突破了传统市场的地域限制，拓宽了市场的范围（Lendle 等，2016）。本书采用营业收入增长率（*BRIR*）作为拓展销售范围的机制变量，营业收入增长率反映了企业经营状况和市场占有能力，可以预测企业经营业务的拓展趋势。由表 6-4 第（2）列可知，数字技术应用对制造业企业营业收入增长率的影响显著为正。

三、数字技术应用提高管理效率

数字技术的应用将企业人员、项目、生产资料、资金等要素进行信息化集成，加速了企业内信息流通速度，改进了企业的管理流程，优化了管理层决策，从而提高了企业管理效率。在企业管理活动中，数字技术的应用可以记录员工整个工作过程的数据，防止信息在传递过程中的失真，实现对员工的高效监督。本书采用管理费用率（*MFR*）作为机制变量，管理费用率是管理费用和主营业务收入之比。该机制检验结果如表 6-4 第（3）列所示，可知，数字技术应用显著降低了制造业企业管理费用率，表明企业应用数字技术可以提高企业的管理效率。

表 6-4　企业柔性效应检验

变量	(1) *TAT*	(2) *BRIR*	(3) *MFR*
DTA	0.2433* (0.1347)	0.6205** (0.2523)	-0.0612** (0.0246)
lev	0.1212*** (0.0238)	0.2196*** (0.0419)	-0.0106** (0.0050)
ocf	0.5697*** (0.0412)	0.3061*** (0.0721)	-0.0746*** (0.0075)
size	0.0150* (0.0079)	0.0579*** (0.0179)	-0.0056*** (0.0011)
Q	0.0426*** (0.0106)	-0.0358* (0.0190)	-0.0025 (0.0020)
age	0.1139*** (0.0365)	-0.0939 (0.0604)	-0.0089 (0.0069)
cap	-0.0105*** (0.0024)	0.0044 (0.0038)	-0.0003 (0.0003)
liqui	-0.0093** (0.0041)	0.0377*** (0.0089)	0.0003 (0.0008)
indr	0.0848 (0.0517)	-0.2031** (0.0980)	0.0036 (0.0098)

续表

变量	(1) *TAT*	(2) *BRIR*	(3) *MFR*
*top*1	0.1237*** (0.0407)	0.3201*** (0.0802)	-0.0195*** (0.0062)
hhi	-0.0263 (0.0313)	0.1868*** (0.0556)	0.0214*** (0.0056)
_*cons*	0.1163 (0.1017)	0.2974* (0.1733)	0.1328*** (0.0190)
企业固定效应	Yes	Yes	Yes
时间固定效应	Yes	Yes	Yes
N	14578	14578	14578
Adj R^2	0.7994	0.0703	0.6976

注：***、**、*分别表示1%、5%、10%的显著性水平；括号内为稳健标准误。

综上所述，数字技术应用在企业生产、销售和管理等多个环节中提高了企业的柔性。当企业具有较高的柔性时，在面对内部干扰和外部环境变化时，可以快速调整生产、销售和管理各环节，减少资源浪费，有效应对外部冲击，从而提高企业的产能利用率。

第四节　数字技术应用的创新激励效应检验

企业应用数字技术有助于企业高效整合创新资源，提升企业技术创新水平（宋德勇等，2022），提升企业的竞争力，提高市场占有率，从而提升企业产能利用率。企业应用数字技术可以记录和整合来自产品研发、生产、营销、售后等多个环节的信息和数据，并从中挖掘新产品，还可以延伸原有产品链，更新换代原有产品，提高企业的自主创新能力。同时，企业应用数字技术有效缓解了传统商业模式中的信息不对称问题，在信息充足的情况下，有利于企业进行产品和服务上的创新，从而提高企业的产能利用率。值得注意的是，面对有限的资源，企业在创新数量和质量之间进行权衡（Dagdeviren，2016；Zhang，2021），创新数量和质量对产能利用率的影响存在差异（Wang 和 Zheng，2022）。

一、数字技术应用实现了企业创新的“增量”

大数据、云计算、人工智能以及区块链等数字技术具有能够近乎零成本获取信息、突破地理空间限制进行信息的高效传输以及数据挖掘与分析处理方面的优势（赵涛等，2020），可有效缓解企业创新系统中研发要素和新产品供需矛盾，提高其进行突破性创新的倾向性（胡山和余泳泽，2022）。数字技术应用可以有效降低企业和消费者间的信息不对称，增加消费者黏性，减少创新活动的不确定性，激励企业进行突破性创新（Cardinal，2001）。

本书利用企业研发投入金额取自然对数代表企业创新的投入数量（*Inno*），利用企业专利授权量（*Patent*）加 1 取自然对数代表企业创新的产出数量，并对发明专利授权量（*Patent*1）、实用新型专利授权量（*Patent*2）以及外观设计专利授权量（*Patent*3）加 1 取自然对数进行分项回归，创新“增量”机制检验结果如表 6-5 所示。可知，数字技术应用显著增加了企业创新投入和产出的数量，从创新产出的各分项来看，数字技术应用对实用新型专利数量影响系数最大，对外观设计专利数量影响系数最小。

表 6-5　数字技术应用与企业创新的“增量”

变量	(1) *Inno*	(2) *Patent*	(3) *Patent*1	(4) *Patent*2	(5) *Patent*3
DTA	2.8587*** (0.4582)	1.8695*** (0.4234)	1.0942*** (0.2876)	1.2100*** (0.3617)	0.7704*** (0.2210)
lev	0.4386*** (0.0749)	0.0829 (0.0548)	0.0794** (0.0358)	0.0480 (0.0472)	0.0028 (0.0227)
ocf	0.2090* (0.1251)	−0.2280** (0.0948)	−0.0984 (0.0643)	−0.1091 (0.0830)	−0.1050*** (0.0361)
size	0.6186*** (0.0405)	0.0597** (0.0248)	0.0594*** (0.0193)	0.0281 (0.0221)	0.0023 (0.0111)
Q	−0.0693* (0.0380)	0.0318 (0.0333)	0.0026 (0.0218)	0.0112 (0.0293)	0.0207 (0.0146)
age	−0.3530*** (0.1323)	0.0831 (0.1286)	0.0218 (0.0823)	0.1410 (0.1129)	−0.0327 (0.0554)

续表

变量	(1) *Inno*	(2) *Patent*	(3) *Patent*1	(4) *Patent*2	(5) *Patent*3
cap	0.0250*** (0.0097)	0.0013 (0.0021)	0.0006 (0.0012)	0.0011 (0.0020)	0.0011 (0.0009)
liqui	0.0110 (0.0126)	-0.0182 (0.0119)	-0.0045 (0.0077)	-0.0178* (0.0107)	-0.0002 (0.0047)
indr	-0.4271** (0.1930)	-0.2503 (0.1573)	-0.3492*** (0.1110)	-0.0076 (0.1333)	0.0808 (0.0669)
*top*1	-0.1890 (0.1373)	-0.2419** (0.0953)	-0.1035 (0.0642)	-0.2112*** (0.0811)	-0.0469 (0.0371)
hhi	-0.1157 (0.0946)	-0.0481 (0.0999)	-0.0826 (0.0625)	-0.0106 (0.0919)	-0.0188 (0.0436)
_*cons*	0.3110 (0.3894)	0.2435 (0.3524)	0.2781 (0.2248)	-0.1244 (0.3058)	0.0890 (0.1513)
企业固定效应	Yes	Yes	Yes	Yes	Yes
时间固定效应	Yes	Yes	Yes	Yes	Yes
N	13777	14578	14578	14578	14578
Adj R^2	0.8325	0.6667	0.6058	0.5972	0.5306

注：***、**、*分别表示1%、5%、10%的显著性水平；括号内为稳健标准误。

二、数字技术应用与企业创新的“提质”

大量没有市场前景的“专利泡沫”会导致社会研发资金的浪费，抑制企业高质量技术创新动机并恶化技术创新环境（张杰和郑文平，2018），最终导致技术创新市场的“劣币驱逐良币”。提高企业的创新质量对于在新一轮技术革命中把握世界产业发展的主动权、解决“卡脖子”的技术难题意义重大。受国家政策和市场环境等因素的影响，企业为了维持现有的市场地位和竞争优势，出于稳定性考虑，往往采用“重数量、轻质量”的创新策略。

企业申请发明专利的行为被视为实质性创新，企业申请实用新型专利和外观设计专利的行为被视为策略性创新。实质性创新带来了技术进步，属于高质量的技术创新，而策略性创新大多为了迎合政府政策，通常只是低技术水平的微小革新（黎文靖和郑曼妮，2016）。因此本书只统计了企业申请的发明专利信息。张陈宇等（2020）、张国胜和杜鹏飞（2022）同样采用企业申请的发明专利数据来衡量创新质量或者激进式创新。

本书进一步根据企业申请的发明专利信息构建企业专利知识宽度指标来表征企业创新质量。企业专利知识宽度与企业创新质量具有显著的正相关关系（康志勇，2018）。专利知识宽度是以专利所包含知识的广度和复杂程度来体现专利的质量，有助于弥补单纯运用专利的数量来衡量企业技术创新能力的缺陷（张杰和郑文平，2018）。专利是创新知识的重要载体，其所含知识的复杂性直接关系到专利的质量。本书利用国家知识产权局企业专利文件中 IPC 分类号的数量信息来衡量企业专利知识宽度。考虑到不同专利其分类号格式存在差异，仅采用专利的分类号数量并不能准确衡量专利的知识复杂度，会对专利质量的测度产生偏误。为了减少这种偏误，本书借鉴张杰和郑文平（2018）的研究，参照产业集中度的计算方法，采取 IPC 分类号大组层面的赫芬达尔—赫希曼指数的构建思路对其进行加权，从而得到企业专利知识宽度指标（*PKW*）。数字技术应用对企业创新质量的回归结果如表 6-6 第（1）列所示，可知，数字技术应用对企业创新质量的回归系数为 0.0722，但是不显著，表明企业应用数字技术并没有显著提升企业创新质量。

企业在进行创新策略选择时，会综合考虑政府、市场和其他企业的行为，并从自身利益出发，在创新的数量和质量之间做出“最优”决策。当套利能够获得短期利润，而通过策略性创新可以大幅减少这种套利成本时，“理性”的企业通常会选择重数量、轻质量的创新策略（黎文靖、郑曼妮，2016）。在激烈的市场竞争中，理性的企业通常会对同群企业的创新选择进行观察，并做出相似的反应（Pacheco 和 Dean，2015）。

在企业数字技术应用中，“双重套利”与“同群效应”是制约企业创新“提质”的主要因素（张国胜和杜鹏飞，2022）。为了获得政府补贴，或者在资本市场中套利，企业倾向于应用数字技术来提高创新的数量，这阻碍了企业数字技术应用的创新“提质”效应。“同群效应”导致企业数字技术应用过程中在创新策略选择上的趋同，同群企业重数量的创新策略，会诱导个体企业同样采取重数量的创新策略，从而制约了企业数字技术应用的创新“提质”效应。

存在套利倾向的企业往往通过增加低水平创新的数量来获得政府的创新补贴，本书选择政府补贴（GS）作为政策性套利指标。检验结果如表 6-6 第（2）列所示，可知，企业应用数字技术可显著提高企业的政府补贴，验证了企业政策

性套利倾向。针对资本市场的套利倾向，本书借鉴 Amihud 和 Mendelson（1986）的研究测算股票非流动性（*ILLIQ*），该指标越小，股票流动性越强。

$$ILLIQ_{i,t} = \frac{1}{D_{i,t}} \sum_{d=1}^{D_{i,t}} \sqrt{\frac{|r_{i,t,d}|}{V_{i,t,d}}} \tag{6-3}$$

式（6-3）中，$|r_{i,t,d}|$代表企业 i 在 t 年第 d 个交易日的回报率，$V_{i,t,d}$ 代表企业 i 在 t 年第 d 个交易日的成交金额，单位为百万元人民币，$D_{i,t}$ 为企业 i 在 t 年的交易日天数。检验结果如表 6-6 第（3）列所示，可知，数字技术应用对股票非流动性指标具有显著的负向影响，即提升了股票的流动性，验证了企业资本市场套利倾向。

下面检验企业创新的“同群效应”，借鉴张国胜和杜鹏飞（2022）以及赵颖（2016）的研究，构建模型（6-4）检验数字技术应用是否对企业创新质量具有“同群效应”。

$$PKW_{ahit} = \alpha + \beta_1 LPKW\_P_{ahit} + \sum control_{ahit} + \sum firm_i + \sum year_t + \varepsilon_{i,t} \tag{6-4}$$

式（6-4）中，PKW_{ahit} 代表企业创新质量，$LPKW\_P_{ahit}$ 代表同地区同行业其他企业滞后一期的创新质量均值，$\sum control_{ahit}$ 代表控制变量，$\sum firm_i$ 为企业固定效应，$\sum year_t$ 为时间固定效应，$\varepsilon_{i,t}$ 为残差。检验结果如表 6-6 第（4）列所示，$LPKW\_P_{ahit}$ 对 *PKW* 的影响显著为正，代表数字技术应用的创新质量“同群效应”存在。

为了进一步验证“同群效应”对数字技术应用中企业创新质量的影响，构建模型如下所示。

$$PKW_{ahit} = \alpha + \beta_1 DTA_{ahit} + \beta_2 LPKW\_P_{ahit} + \beta_3 DTA_{ahit} * LPKW\_P_{ahit} + \sum control_{ahit} + \sum firm_i + \sum year_t + \varepsilon_{i,t} \tag{6-5}$$

回归结果如表 6-6 第（5）列所示，可知数字技术应用和同地区同行业其他企业滞后一期的创新质量均值的交乘项（$DTA * LPKW\_P$）显著为负，表明数字技术应用中企业创新质量的“同群效应”对企业创新“提质”具有抑制作用，即同群企业创新质量下降越严重，越会导致单个企业忽视创新质量。

综上所述，数字技术应用能有效提高企业创新数量，但是由于企业的“双重套利”动机以及“同群效应”的存在，抑制了企业创新质量的提升。

表 6-6　数字技术应用与企业创新的“提质”

变量	(1)	(2)	(3)	(4)	(5)
	创新质量	双向套利		同群效应	
	PKW	*GS*	*ILLIQ*	*PKW*	*PKW*
DTA	0.0722 (0.1859)	1.6031*** (0.5044)	-0.1127*** (0.0288)		1.6140*** (0.5530)
lev	-0.0358 (0.0288)	0.1872*** (0.0496)	0.0140*** (0.0037)	-0.0665* (0.0351)	-0.0697** (0.0351)
ocf	0.0093 (0.0491)	0.0594 (0.0978)	-0.0151*** (0.0058)	0.0210 (0.0579)	0.0160 (0.0582)
size	-0.0098 (0.0080)	0.3599*** (0.0463)	-0.0058*** (0.0011)	-0.0120 (0.0096)	-0.0125 (0.0096)
Q	0.0067 (0.0165)	0.0093 (0.0296)	-0.0041** (0.0019)	0.0263 (0.0257)	0.0237 (0.0259)
age	-0.0515 (0.0523)	0.2322** (0.0957)	-0.0260*** (0.0069)	-0.0677 (0.0663)	-0.0594 (0.0665)
cap	0.0007 (0.0023)	0.0165*** (0.0038)	-0.0007*** (0.0002)	-0.0027 (0.0030)	-0.0023 (0.0030)
liqui	-0.0097 (0.0068)	-0.0317*** (0.0093)		-0.0046 (0.0095)	-0.0062 (0.0095)
indr	0.0998 (0.0726)	-0.2580 (0.1588)	0.0120 (0.0099)	0.0344 (0.0843)	0.0437 (0.0843)
*top*1	0.0966** (0.0465)	0.0124 (0.1269)	0.0346*** (0.0064)	0.0707 (0.0550)	0.0773 (0.0551)
hhi	0.0700 (0.0605)	0.1806* (0.0977)	-0.0122*** (0.0040)	0.0684 (0.0655)	0.0808 (0.0666)
LPKW_P				0.7262*** (0.2136)	0.8002*** (0.2152)
DTA * *LPKW_P*					-5.6652*** (1.8199)
_cons	0.3813*** (0.1432)	-0.5499* (0.2979)	0.1094*** (0.0191)	0.2155 (0.1892)	0.1672 (0.1893)
企业固定效应	Yes	Yes	Yes	Yes	Yes
时间固定效应	Yes	Yes	Yes	Yes	Yes
N	10457	14578	14582	7989	7960
Adj R^2	0.3612	0.6416	0.5599	0.3758	0.3762

注：***、**、*分别表示 1%、5%、10%的显著性水平；括号内为稳健标准误。

第五节　数字技术应用的人力资本效应检验

数字技术在企业的应用需要相应的高技能劳动力与之匹配，这增加了企业对高素质员工的需求，提升了企业人力资本水平。方森辉和毛其淋（2021）指出，人力资本提升可以有效促进企业产能利用率的提高。数字技术人才的引入对企业享受数字经济红利极为重要（肖土盛等，2022）。数字技术人才能助力企业突破地理空间限制，实现跨时空的信息传输与交流，市场信息的高效整合能为企业的生产决策提供正确指导。同时数字技术人才的引入增强了企业的知识吸收能力，有效助力企业改进生产组织流程，提高生产效率，进而助力企业产能利用率的提升。本书采用企业本科及以上学历员工占比（*HCL*）以及企业人均创收（*PCI*）两个指标来衡量企业人力资本水平，回归结果如表 6-7 所示，可知，企业应用数字技术能有效助力企业人力资本升级，这与肖土盛等（2022）的结论一致。

表 6-7　人力资本效应检验

变量	(1) *HCL*	(2) *PCI*
DTA	0.5788*** (0.0748)	1.4685*** (0.2965)
lev	0.0317*** (0.0096)	0.2776*** (0.0414)
ocf	0.0059 (0.0145)	0.8808*** (0.0680)
size	-0.0075** (0.0031)	-0.1145*** (0.0163)
Q	-0.0078 (0.0048)	-0.0457** (0.0185)
age	-0.0367** (0.0159)	0.1945*** (0.0634)
cap	0.0081*** (0.0013)	0.0568*** (0.0111)

续表

变量	(1) *HCL*	(2) *PCI*
liqui	0. 0014 (0. 0018)	0. 0033 (0. 0073)
indr	-0. 0433 * (0. 0232)	0. 0065 (0. 0903)
*top*1	-0. 0109 (0. 0177)	0. 0525 (0. 0709)
hhi	-0. 0212 * (0. 0119)	-0. 0728 (0. 0594)
_*cons*	0. 2632 *** (0. 0444)	3. 7749 *** (0. 1764)
企业固定效应	Yes	Yes
时间固定效应	Yes	Yes
N	14578	14578
Adj R^2	0. 8138	0. 8231

注：***、**、*分别表示1%、5%、10%的显著性水平；括号内为稳健标准误。

一、数字技术应用与劳动力需求

数字技术应用为企业发展创造了广阔的平台条件，提供了更多的就业岗位（李晓华，2019）。劳动者为适应数字经济就业的需要，不断提高自身劳动技能，增强了劳动者就业能力（Acemoglu 和 Restrepo，2018）。《中国共享经济发展报告》数据显示，2019 年数字经济催生的新业态形式劳动力数量高达 623 万人，数字经济带动的就业人数大约为 7800 万人。数字技术应用对劳动力需求具有双重影响。数字经济催生出一大批新型就业形态和就业模式，创造了大量知识和技术密集型就业岗位（丛屹和闫苗苗，2022）。但同时，数字技术对部分劳动力的替代，造成结构性失业，叠加当前中国日益严重的人口老龄化与人口红利递减（谢绚丽等，2018），使数字技术的应用对劳动力需求的作用更为复杂。在数字经济发展的背景下，把握和发挥数字技术应用对劳动需求的拉动作用，有助于实现稳定就业、实现共同富裕的目标。本书探究了数字技术应用对劳动力需求的影响，其中劳动力需求（*LD*）用企业年末员工人数来衡量（王永钦和董雯，

2020）。回归结果如表6-8所示，可知，数字技术应用可以显著提高劳动力需求，这说明数字技术应用与劳动力需求之间是通过“互补作用”发挥人力效应的。

表6-8　数字技术应用与劳动力需求

变量	(1) *LD*	(2) *LD*
DTA	1.7372*** (0.3044)	1.8791*** (0.3056)
lev		0.3646*** (0.0320)
ocf		0.0185 (0.0463)
Q		-0.0138 (0.0198)
age		0.1715** (0.0765)
cap		-0.0207*** (0.0044)
liqui		-0.0055 (0.0057)
indr		-0.2047** (0.0881)
*top*1		0.4560*** (0.0964)
hhi		-0.0817 (0.0507)
_*cons*	0.4537*** (0.0055)	-0.1741 (0.2089)
企业固定效应	Yes	Yes
时间固定效应	Yes	Yes
N	14740	14578
Adj R^2	0.8924	0.8973

注：***、**、*分别表示1%、5%、10%的显著性水平；括号内为稳健标准误。

二、数字技术应用与劳动力结构

企业进行数字化改造不仅仅是数字技术的简单应用，企业内部的要素和资源也需要进行相应的改造、重构以匹配数字技术的应用，从而最大限度地发挥数字技术赋能潜力。制造业企业利用人工智能等数字技术替代了部分低技能劳动力，增加了高技能劳动力的配置（Lewis 和 Cho，2011）。制造业企业数字技术应用过程中，人力资本的配套投入尤为重要，高技能劳动力可以配合数字技术的应用协同调度各类资源（董祺，2013），对企业提升产能利用率具有重要作用。

本书分别就数字技术应用对企业生产人员占比（*Prod*）、研发人员占比（*RD*）和技术人员占比（*Tech*）进行回归，回归结果如表 6-9 所示，可知，数字技术应用可以显著提高企业技术人员占比以及研发人员占比，显著降低企业生产人员占比。这表明企业应用数字技术主要替代了企业中的生产人员，但是创造了更多技术人员和研发人员的岗位需求，优化了企业内部劳动力结构，数字技术应用与劳动力结构是通过“互补作用”发挥人力效应的。

表 6-9　数字技术应用与劳动力结构

变量	(1) *Prod*	(2) *RD*	(3) *Tech*
DTA	-0.7622*** (0.0899)	0.4610*** (0.0502)	0.3920*** (0.0550)
lev	0.0303** (0.0130)	0.0318*** (0.0052)	0.0031 (0.0073)
ocf	0.0415* (0.0213)	-0.0034 (0.0091)	-0.0129 (0.0119)
size	0.0128** (0.0052)	-0.0051*** (0.0018)	-0.0132*** (0.0030)
Q	0.0007 (0.0071)	0.0342*** (0.0032)	-0.0189*** (0.0039)
age	0.0325 (0.0222)	0.0233** (0.0102)	-0.0029 (0.0126)
cap	-0.0088*** (0.0013)	0.0009** (0.0004)	0.0029*** (0.0006)

续表

变量	(1) *Prod*	(2) *RD*	(3) *Tech*
liqui	-0.0027 (0.0026)	-0.0059*** (0.0012)	0.0029* (0.0015)
indr	0.0573* (0.0336)	-0.0138 (0.0146)	-0.0255 (0.0167)
*top*1	-0.0221 (0.0245)	-0.0261*** (0.0095)	-0.0352** (0.0148)
hhi	-0.0040 (0.0157)	-0.0404*** (0.0073)	-0.0217** (0.0088)
_*cons*	0.4444*** (0.0623)	-0.0479* (0.0285)	0.2394*** (0.0351)
企业固定效应	Yes	Yes	Yes
时间固定效应	Yes	Yes	Yes
N	14578	14578	14578
Adj R^2	0.7309	0.7630	0.7517

注：***、**、*分别表示1%、5%、10%的显著性水平；括号内为稳健标准误。

综上所述，在企业数字技术应用影响企业产能利用率的人力资本效应机制中，数字技术应用对企业劳动力需求和劳动力结构两个维度产生“双重互补作用”从而发挥人力效应，进而助力企业产能利用率的提升。这一结论与李磊等（2021）、章潇萌和刘相波等（2022）的检验结果相一致。

第六节　本章小结

本章实证检验了数字技术应用对企业产能利用率的影响机制：投资改善机制、企业柔性机制、创新激励机制以及人力资本机制。研究发现，第一，数字技术应用改善了企业和市场的信息不对称，信息不对称程度既包括企业对市场信息的捕获水平，也包括市场对企业信息的获取水平，并且缓解了企业股东和管理层的委托代理问题，显著降低了企业非效率投资水平，即提高了投资效率，进而提升了企业产能利用率。第二，数字技术应用通过加速企业资产周转、拓展销售范围、提升管理效率提高了企业柔性，从而提升了企业产能利用率。第三，数字技术应用实现了企业创新的“增量”效应，但是由于企业的“双重套利”动机以及“同群效应”的存在，没有实现企业创新的“提质”效应。第四，数字技术应用显著提升了企业人力资本水平。从劳动力需求角度来看，企业数字技术应用与劳动力需求之间是通过发挥“互补”作用发挥人力效应的；从劳动力结构角度来看，企业应用数字技术主要替代了企业中的生产人员，但是创造了更多技术人员和研发人员的岗位需求，优化了企业内部劳动力结构，数字技术应用与劳动力结构是通过“互补作用”发挥人力效应的。数字技术应用对企业劳动力需求和劳动力结构两个维度产生“双重互补作用”从而发挥人力效应，进而助力企业产能利用率提升。

第七章　企业内外部环境对数字技术应用去产能效应的调节机制检验

本书借鉴陈国权和刘薇（2017）的研究思路，从企业内外部环境条件两个方面研究其对企业数字技术应用去产能效应的调节机制。根据第三章的理论分析，企业内外部环境条件会影响企业数字技术应用的去产能效应。其中企业内部环境条件从企业组织惯性角度进行分析，企业组织惯性包括惯例刚性和资源刚性；企业外部环境条件主要从市场环境、宏观经济环境以及媒体环境三个方面进行分析。企业的组织惯性和所处的外部环境不同，应用数字技术提升产能利用率的效果也存在差异。本章通过构建调节效应模型实证检验企业组织惯性以及外部环境对数字技术应用去产能效应的调节机制，研究影响企业数字技术应用效果的内外部作用条件。

第一节　研究设计

一、模型设定和变量定义

前文关于企业内外部环境对数字技术应用去产能效应的调节机制的理论分析中，主要从企业组织惯性、市场环境、宏观经济环境和媒体环境四个方面分析了企业数字技术应用去产能效应的调节机制。下面借鉴万攀兵等（2021）、连燕玲等（2019）的研究设计，构建调节效应模型对企业内外部环境的调节机制进行实证检验。模型如下所示：

$$CUR_{i,t} = \alpha + \beta_1 DTA_{i,t} + \beta_2 Adjust_n + \beta_3 DTA_{i,t} * Adjust_n + \sum controls_{i,t} + \sum firm_i + \sum year_t + \varepsilon_{i,t} \tag{7-1}$$

式（7-1）中，被解释变量 $CUR_{i,t}$ 为企业 i 在第 t 期的产能利用率，$DTA_{i,t}$ 代表企业 i 在第 t 期的数字技术应用水平，$Adjust_n$ 表示组织惯性、市场环境、宏观经济环境和媒体环境等调节变量，$\sum controls_{i,t}$ 为控制变量，$\sum firm_i$ 为企业固定效应，$\sum year_t$ 为年度固定效应，$\varepsilon_{i,t}$ 为随机干扰项。β_3 为本书关注系数，如果 β_3 和 β_1 正负号同向，表示调节变量强化主效应；反之，如果 β_3 和 β_1 正负号反向，表示调节变量弱化主效应。表 7-1 为本章实证检验相关的变量名称和说明。

表 7-1　变量说明

变量类型	变量名称	变量	变量说明
被解释变量	产能利用率	*CUR*	参考 Aretz 和 Pope（2018）的方法，使用改进的随机前沿模型法计算得出
调节变量	惯例刚性	*conven*	企业规模与年龄各自标准化后取平均值（连燕玲等，2015）
	资源刚性	*resour*	企业的营业收入与总资产的比值（李鹤尊等，2020）
	市场环境	*market*	参考盛斌和毛其淋（2011）构建市场分割指数
	宏观经济环境	*GDP*	地区生产总值指数（上年=100）-100
	媒体正面报道	*media*1	新闻正面报道（报刊财经新闻和网络新闻）比例
	媒体报道倾向性	*media*2	新闻报道倾向性，即正面报道/负面报道
解释变量	数字技术应用	*DTA*	通过 python 爬虫技术分析上市公司年报得出数字技术应用特征词频占比
控制变量	财务杠杆	*lev*	总负债/总资产
	经营现金流	*ocf*	经营活动产生的现金流量净额/总资产
	公司规模	*size*	企业年末员工人数
	市场价值	*Q*	托宾 *Q*
	企业年龄	*age*	年份变量-企业创立年份+1 取自然对数
	资本密度	*cap*	企业总资产/企业员工人数
	股票流动性	*liqui*	月均超额换手率
	独董比例	*indr*	期末独立董事人数/期末董事会人数
	股权集中度	*top*1	第一大股东持股数量/总股本
	产业集中度	*hhi*	制造业二位码行业层面计算赫芬达尔指数

二、数据来源与描述性统计

本章的研究样本和第五章基准回归保持一致，仍为2011~2020年沪深两市A股制造业企业。变量选择上在第五章的基础上加入了调节变量：惯例刚性、资源刚性、市场环境、宏观经济环境、媒体报道。其中，媒体报道数据来自中国上市公司财经新闻数据库（CFND）。对于媒体报道情感倾向的判定，本书利用机器学习技术将报刊新闻的语调划分为正面报道、中性报道和负面报道三种类型，并统计了三类报道所占的比例。市场环境和宏观经济环境指标测算所用的原始数据来源于《中国统计年鉴》，其他指标所用数据来源于中国研究数据服务平台（CNRDS）、国泰安数据库（CSMAR）以及万得数据库（Wind）。数据处理方式同第五章，不再赘述。本章实证检验所用主要变量的描述性统计如表7-2所示。

表7-2　描述性统计

变量类型	变量	样本量	平均值	标准差	最小值	最大值
被解释变量	*CUR*	14578	0.6453	0.1000	0.2737	0.7821
解释变量	*DTA*	14578	0.0163	0.0241	0	0.1527
调节变量	*conven*	14578	-0.0042	0.7372	-1.8810	4.0659
	resour	14578	0.6348	0.3662	0.1125	2.2425
	govern	14578	0.1672	0.1240	0.0534	0.8525
	GDP	14578	7.4076	2.3056	1.0000	13.4000
	*media*1	14578	1.6866	3.9955	0	129.9600
	*media*2	14578	1.9434	1.5084	0	37.0000
控制变量	*lev*	14578	0.3987	0.1892	0.0546	0.8499
	ocf	14578	0.0504	0.0643	-0.1295	0.2339
	size	14578	0.4835	0.8160	0.0212	5.6079
	Q	14578	2.1226	0.7211	0.6931	3.2581
	age	14578	2.8450	0.3331	1.7918	3.4657
	cap	14578	2.1129	2.4822	0.1236	105.1794
	liqui	14578	-0.1007	0.4555	-1.8842	0.9657
	indr	14578	0.3747	0.0534	0.3333	0.5714
	*top*1	14578	0.3356	0.1399	0.0900	0.7174
	hhi	14578	0.1359	0.1293	0.0194	0.6635

注：作者使用stata17整理所得。

第二节 企业组织惯性的调节效应检验

企业组织惯性的差异会导致企业在数字技术应用行为上的不同，导致数字技术应用的去产能效应存在差异。本书从企业组织惯性的角度探究其对数字技术应用去产能效应的调节作用。由于组织惯性的存在，企业对于数字技术存在适应困难，组织惯性包括惯例刚性和资源刚性两个方面的内容（Gilbert，2005），下面分别检验企业惯例刚性和资源刚性对数字技术应用去产能效应的调节作用。

一、企业惯例刚性的调节效应检验

惯例刚性是指企业难以灵活改变应用资源的组织流程。企业的惯例刚性越高，企业的思维认知越难理解数字技术的战略意义，并且流程惯例等组织元素也可能与数字技术产生更多的冲突（邓新明等，2021），贸然应用数字技术对企业组织流程进行改造会遭遇更强的内部阻力。惯例刚性的存在使企业无法准确剥离不良资产，使原本稀缺的企业资源出现更多的闲置和浪费，更容易形成产能过剩。本书借鉴连燕玲等（2015）的研究，将企业规模与年龄各自标准化后取平均值代表企业的惯例刚性。该指标越大，表明企业的惯例刚性越大。调节效应模型回归结果如表7-3所示，数字技术应用和惯例刚性的交乘项（*DTA* ∗ *conven*）系数负向显著，这表明企业惯例刚性弱化了数字技术应用对企业产能利用率的积极影响，与预期一致。

表7-3 企业惯例刚性的调节效应

变量	*CUR*
DTA	0.2530*** (0.0601)
conven	0.0284*** (0.0029)
DTA ∗ *conven*	-0.0837* (0.0432)

续表

变量	*CUR*
lev	-0.0827*** (0.0089)
ocf	0.0796*** (0.0142)
size	0.0101*** (0.0030)
Q	-0.0433*** (0.0043)
age	-0.0309** (0.0155)
cap	0.0010 (0.0006)
liqui	-0.0042** (0.0018)
indr	0.0116 (0.0230)
*top*1	0.0101 (0.0142)
hhi	-0.0003 (0.0128)
_*cons*	0.8349*** (0.0437)
企业固定效应	Yes
时间固定效应	Yes
N	14578
$Adj\ R^2$	0.4842

注：***、**、*分别表示1%、5%、10%的显著性水平；括号内为稳健标准误。

二、企业资源刚性的调节效应检验

资源刚性是指企业在现有资源投入模式上无法进行弹性调整。现有的资源要素可能难以适配数字技术的推进，贸然变革也很可能导致企业承担更高的资源调整成本（Banker 和 Byzalov，2014），并遭到原有资源拥有者更加强烈的抵制。参考李鹤尊等（2020）的研究，用企业的营业收入与总资产的比值衡量资源刚性，该比值越小，表明企业资源调整成本越大，企业的资源刚性越大，是一个反向指标。资源刚性越大，在同等程度营业收入下滑时往往会出现越多的闲置资产，更容易出现产能过剩问题。调节效应模型回归结果如表 7-4 所示，数字技术应用和资源刚性的交乘项（*DTA * resour*）系数正向显著，这表明企业资源刚性弱化了数字技术应用对企业产能利用率的积极影响，与预期一致。

表 7-4　企业资源刚性的调节效应

变量	*CUR*
DTA	0.2546*** (0.0498)
resour	0.1025*** (0.0038)
*DTA * resour*	0.2125* (0.1135)
lev	-0.0974*** (0.0069)
ocf	0.0243* (0.0125)
size	0.0187*** (0.0024)
Q	-0.0485*** (0.0042)
age	0.0026 (0.0136)
cap	0.0026*** (0.0004)
liqui	-0.0031* (0.0018)
indr	-0.0000 (0.0192)
*top*1	0.0002 (0.0115)
hhi	0.0034 (0.0111)

续表

变量	CUR
_cons	0.6938*** (0.0372)
企业固定效应	Yes
时间固定效应	Yes
N	14578
$Adj\ R^2$	0.5091

注：***、**、*分别表示1%、5%、10%的显著性水平；括号内为稳健标准误。

第三节　企业外部环境的调节效应检验

徐炜锋等（2021）将企业外部环境划分为市场环境和制度环境。湛正群和杨华（2016）认为宏观经济环境为企业外部环境。贾兴平和刘益（2014）将企业外部环境界定为市场环境和媒体环境，认为媒体环境作为社会舆论压力代表着一种制度压力，并且以 North 为代表的制度经济学家认为社会舆论是一种非正式的制度环境。本书借鉴上述文献，将企业的外部环境界定为市场环境、宏观经济环境以及媒体环境。

一、市场环境的调节效应检验

企业所处的市场环境不同，数字技术应用对产能利用率的提升效果也存在差异。本书采用价格指数法（Parsley 和 Wei，1996、2001）构建市场分割指数作为市场环境的反向指标，价格指数方法的关键在于通过地区间的商品价格差别，对市场分割情况进行分析。本书参考盛斌和毛其淋（2011）的研究，首先以价格比的对数一阶差分来度量相对价格，并运用 Parsley 和 Wei（2001）提出的去均值方法剔除相对价格中商品自身特征和市场环境等随机因素变动所导致的系统偏误。然后计算全国每两个地区 8 类商品[①]相对价格波动的方差，将其按照省份合并取组内均值，从而得到中国各省份的市场分割指数（*market*）。需要指出的是，地区之间的晋升锦标赛在某种程度上造成了市场分割，鉴于经济因素是晋升锦标赛的考核依据，市场分割主要表现为经济空间上的分割（吕越等，2018），因此，本书将市场分割的测算范围从地理空间上的相邻省份扩展到整个国内市场（盛斌和毛其淋，2011）。市场环境的调节效应回归结果如表 7-5 所示，数字技术应用和市场环境的交乘项（*DTA* * *market*）系数负向显著，这表明市场分割弱化了数字技术应用对企业产能利用率的积极影响。

表 7-5 市场环境的调节效应

变量	*CUR*
DTA	0.2640*** (0.0695)
market	-0.0020 (0.0078)
DTA * *market*	-0.4288** (0.2042)
lev	-0.0878*** (0.0107)
ocf	0.0881*** (0.0115)
size	0.0198*** (0.0061)
Q	-0.0443*** (0.0072)
age	0.0186 (0.0154)
cap	0.0014 (0.0009)
liqui	-0.0039** (0.0018)

① 8 类商品包括食品烟酒类、衣着类、居住类、其他用品和服务类、家庭设备用品及服务类、医疗保健和个人用品类、交通和通信类以及教育文化用品及服务类。

续表

变量	*CUR*
indr	0.0107 (0.0309)
*top*1	0.0113 (0.0181)
hhi	0.0004 (0.0165)
_*cons*	0.6922*** (0.0466)
企业固定效应	Yes
时间固定效应	Yes
N	14578
Adj R^2	0.4804

注：***、**、*分别表示1%、5%、10%的显著性水平；括号内为稳健标准误。

二、宏观经济环境的调节效应检验

企业所处的地区宏观经济环境不同会影响企业数字技术应用对产能利用率的提升效果。宏观经济环境的好坏在很大程度上会影响企业的经营发展（湛正群和杨华，2016）。企业所处的地区宏观经济环境越好，在一定程度上意味着消费者的消费需求越高，地方政府积极引导企业提高产能利用率，满足消费者需求。企业所处的地区宏观经济环境越好，市场竞争也越激烈。企业通过价格竞争行为和非价格竞争行为抢占市场份额，价格竞争行为通过降低产品价格吸引消费者，不利于企业的长远发展；非价格竞争行为则通过产品差异化等价值竞争行为满足消费者多样化的需求，符合企业高质量发展的目标导向，具有长远战略眼光的企业倾向于采取产品差异化的战略提升企业的竞争力。数字技术的应用提高了制造业企业的产品差异化程度，因此企业所处的宏观经济环境越好，企业为了应对激烈的市场竞争环境，越有动力应用数字技术进行战略转型，从而提高企业的产能利用率。宏观经济环境的调节效应回归结果如表7-6所示，可知，数字技术应用和宏观经济环境的交乘项（*DTA*∗*GDP*）系数正向显著，这表明宏观经济环境强化了数字技术应用对企业产能利用率的积极影响。

表 7-6 宏观经济环境的调节效应

变量	*CUR*
DTA	0. 2860*** (0. 0736)
GDP	0. 0031*** (0. 0011)
DTA * *GDP*	0. 0386** (0. 0179)
lev	-0. 0866*** (0. 0108)
ocf	0. 0883*** (0. 0155)
size	0. 0196*** (0. 0047)
Q	-0. 0448*** (0. 0056)
age	0. 0176 (0. 0186)
cap	0. 0014* (0. 0008)
liqui	-0. 0039** (0. 0017)
indr	0. 0098 (0. 0300)
*top*1	0. 0112 (0. 0180)
hhi	-0. 0028 (0. 0133)
_*cons*	0. 6732*** (0. 0534)
企业固定效应	Yes
时间固定效应	Yes
N	14578
Adj R^2	0. 4811

注：***、**、*分别表示1%、5%、10%的显著性水平；括号内为稳健标准误。

三、媒体环境的调节效应检验

媒体报道尤其是正面报道越多，企业投资行为越受关注，容易造成管理层过度自信，从而增加企业的非理性投资，或由于投资者情绪高涨，增加对企业的投资，容易引发过度投资（Malmendier & Tate，2005；张建勇等，2014；侯巧铭等，2017），导致产能过剩。本书参考杜金岷等（2020）的研究，采用新闻媒体报道（包括报刊财经新闻和网络新闻）来刻画企业所面临的媒体评价，选取了新闻媒体正面报道（*media*1）和新闻媒体报道倾向性（*media*2），即新闻媒体正面报道/新闻媒体负面报道两个指标来体现企业所处的外部媒体环境。回归结果如表 7-7 所示，数字技术应用和新闻媒体正面报道的交乘项（*DTA* ∗ *media*1）、数字技术应用和新闻媒体报道倾向性的交乘项（*DTA* ∗ *media*2）的系数均为负向显著，这表明媒体正面报道越多，可能越会导致企业管理层过度自信，使企业决策更加偏离最优状态，不利于企业数字技术应用去产能效应的发挥。

表 7-7　外部媒体报道的调节效应

变量	(1) *CUR*	(2) *CUR*
DTA	0.2791*** (0.0574)	0.2438*** (0.0583)
*media*1	0.0012*** (0.0004)	
DTA ∗ *media*1	-0.0481*** (0.0083)	
*media*2		0.0069*** (0.0006)
DTA ∗ *media*2		-0.0529*** (0.0165)
lev	-0.0891*** (0.0089)	-0.0848*** (0.0088)
ocf	0.0865*** (0.0142)	0.0813*** (0.0141)
size	0.0197*** (0.0029)	0.0201*** (0.0029)

续表

变量	(1) *CUR*	(2) *CUR*
Q	-0.0448*** (0.0043)	-0.0424*** (0.0043)
age	0.0195 (0.0146)	0.0212 (0.0144)
cap	0.0014** (0.0007)	0.0014** (0.0007)
liqui	-0.0043** (0.0018)	-0.0033* (0.0018)
indr	0.0112 (0.0230)	0.0143 (0.0228)
*top*1	0.0138 (0.0142)	0.0074 (0.0141)
hhi	0.0001 (0.0128)	-0.0003 (0.0127)
_*cons*	0.6879*** (0.0412)	0.6666*** (0.0407)
企业固定效应	Yes	Yes
时间固定效应	Yes	Yes
N	14578	14578
Adj R^2	0.4818	0.4885

注：***、**、*分别表示1%、5%、10%的显著性水平；括号内为稳健标准误。

第四节　本章小结

企业所处的内外部环境条件不同，应用数字技术所产生的效果也会存在差异，本章通过引入内外部环境变量，主要涉及企业组织惯性、企业所处的市场环境、宏观经济环境以及媒体环境。通过构建调节效应模型实证检验企业的内外部

环境条件对数字技术应用去产能效应的调节作用。研究发现：企业惯例刚性和资源刚性均弱化了数字技术应用对企业产能利用率的积极影响；市场分割弱化了数字技术应用对企业产能利用率的积极影响；宏观经济环境强化了数字技术应用对企业产能利用率的积极影响；媒体正面报道弱化了数字技术应用对企业产能利用率的积极影响。

第八章 研究结论与政策建议

第一节 主要研究结论

面对世界范围内工业化与数字化深度融合的新趋势，如何有效发挥数字技术的去产能效应，为数字化研究与产能过剩问题的治理提出了新的时代课题。本书基于产业组织理论、产业发展理论以及技术进步理论，重点回答了以下四个问题：第一，数字技术应用是否能提高制造业企业产能利用率？第二，数字技术应用通过哪种机制提高制造业企业产能利用率？第三，数字技术应用对不同特性的制造业企业产能利用率是否具有异质性影响？第四，企业内外部环境条件对数字技术应用的去产能效应是否具有调节作用？

一、数字技术应用对制造业企业产能利用率具有促进作用

在理论分析方面，本书应用了产业组织理论 SCP 范式以及内生增长模型。首先将数字技术应用和产能利用率纳入“结构—行为—绩效”范式中进行分析。现有的市场结构不能满足国家去产能的政策导向和经济高质量发展的现实需求，企业通过数字技术应用行为改变原有粗放式的生产经营模式，实现产能利用率的提高，提升企业绩效。其次将数字技术应用加入内生增长模型中，推导出数字技术应用可以提升企业产能利用率的理论观点。

在实证分析方面，首先，采用基于机器学习的文本分析法测度了中国制造业企业数字技术应用水平，并区分了“底层技术应用”与“技术实践应用”。针对

该方法可能出现的企业策略性信息披露问题，本书通过更换企业数字技术应用测算方法、控制会计信息质量、信息披露质量等方式进行缓解。此外，本书描述了中国制造业企业数字技术应用的四大特征事实：中国制造业企业数字技术应用水平逐年提高，数字技术与实体经济融合迅速；制造业不同行业数字技术应用程度差异显著，轻工业行业、技术密集型行业数字技术应用水平较高；制造业企业数字技术应用水平呈现“东高西低”的态势；中国不同所有制制造业企业数字技术应用水平存在差异，非国有企业数字技术应用水平明显较高。采用 Aretz 和 Pope（2018）改进的随机前沿模型法测度了中国制造业企业产能利用率，并描述了中国制造业企业产能利用率的三大特征事实：中国制造业企业产能利用率水平波动往复，产能过剩问题仍然存在；中国制造业企业产能利用率水平呈现明显的区域差异；中国制造业不同行业的产能利用率存在差异，轻工业行业产能利用率水平较高，重工业行业产能过剩问题较为突出。本书也基于现实情况初步探索了数字技术应用对制造业企业提升产能利用率的重要意义。其次，构建基准回归模型检验数字技术应用对制造业企业产能利用率的影响。研究结果表明，数字技术应用显著提升了企业产能利用率，并且主要得益于企业在数字技术实践上的应用。为充分探究数字技术应用对制造业企业不同产能利用率水平的差异化影响，本书构建分位数回归模型缓解一般均值回归模型的限制。从各分位点来看，数字技术应用对于产能利用率水平较为“平均”的制造业企业具有显著正向影响，对产能利用率分布尾端的制造业企业影响不显著。针对可能存在的内生性问题，使用 Bartik 工具变量、多时点 DID 模型以及 Heckman 两阶段模型进行检验与修正。并且采用替换解释变量和被解释变量、多维度控制遗漏变量以及子样本回归等一系列稳健性检验验证了基准回归结论的可靠性。

二、数字技术应用通过四大影响机制提升制造业企业的产能利用率

本书首先在理论层面论证了投资改善、企业柔性、创新激励以及人力资本四条影响机制。第一，企业应用数字技术能增加企业预测准确性、改善信息环境，有助于管理层的理性决策，提高了投资准确性，进而提高了产能利用率。数字技术应用改善了企业和市场的信息不对称，缓解了企业股东和管理层的委托代理问题，提高了投资效率，进而能提升企业的产能利用率。第二，企业应用数字技术提高了企业柔性，在面对需求冲击时，企业可以快速反应和调整，进而能够提高产能利用率。企业应用数字技术通过缩短生产和设计周期、拓展销售范围、提高

管理效率，提升了企业柔性，进而可以提高产能利用率。第三，数字技术应用能够促进企业创新的“增量提质”，从而提高企业产能利用率。第四，企业数字技术应用的劳动力“替代”和劳动力“互补”效应影响企业的劳动力需求和劳动力结构，能提升企业人力资本水平，从而提高企业产能利用率。

在实证分析方面，构建机制检验模型分别对投资改善机制、企业柔性机制、创新激励机制以及人力资本机制进行实证检验。机制检验结果表明：第一，数字技术应用可以提高投资效率，进而提升企业的产能利用率；数字技术应用改善了企业内外部的信息不对称、缓解了企业的委托代理问题。第二，数字技术应用提高了企业柔性，进而提高了企业的产能利用率；数字技术应用加速了资产周转、拓展了销售范围、提高了管理效率。第三，数字技术应用激励了企业创新，实现了企业创新的“增量”，值得注意的是，数字技术应用没有实现企业创新的“提质”。“双重套利”和“同群效应”是抑制数字技术应用过程中企业创新“提质”的重要原因。第四，企业应用数字技术有效助力企业人力资本升级。数字技术应用可以显著提高劳动力需求，这说明数字技术应用与劳动力需求之间是通过发挥“互补”作用发挥人力效应的。企业应用数字技术主要替代了企业中的生产人员，但是创造了更多技术人员和研发人员的岗位需求，优化了企业内部劳动力结构，数字技术应用与劳动力结构是通过“互补作用”发挥人力效应的。

三、数字技术应用对不同特性的制造业企业产能利用率具有异质性影响

本书首先在理论层面基于企业融资约束、所处生命周期、所有权性质以及技术密集度的不同进行了异质性分析。本书认为，融资约束较低的企业应用数字技术去产能的效果更好；对处于不同生命周期阶段的企业而言，数字技术应用对产能利用率的影响存在异质性；非国有企业相比国有企业应用数字技术提升产能利用率的效果更好；不同技术密集度的企业，数字技术应用提升产能利用率的效果存在异质性。

在实证分析上，通过构建分组回归模型实证检验了异质性理论观点。分组回归结果表明：第一，企业应用数字技术对低融资约束样本企业的产能利用率具有显著的提升作用，对高融资约束样本企业无显著影响。第二，对于成长期和衰退期的企业，数字技术应用能够加速企业自身成长并助力企业摆脱发展困境，从而更好地帮助企业解决产能过剩问题，提高产能利用率。从公司战略决策角度出

发，参考波士顿矩阵，成长期和衰退期的企业更需要提高生产效率、挖掘新的明星业务，更有动力运用数字技术挖掘新的业务增长点。第三，数字技术应用对非国有企业的产能利用率具有显著的提升作用，对国有企业产能利用率的提升作用不显著。第四，数字技术应用在非高科技企业组别中对产能利用率的提升效果更好。高科技企业数字技术应用较为普遍，其对企业产能利用率的提升作用较为有限。对于非高科技企业而言，应用数字技术能助力企业快速改进生产经营决策，缓解企业的产能过剩问题，有效提升其产能利用率。数字经济时代，一个重要的着力点是数字技术赋能传统产业转型升级，相比于数字化程度本身较高的技术密集型制造业，数字技术应用在传统制造业释放出更大的数字红利，对企业产能利用率产生更大的提升作用。

四、企业内外部环境条件对数字技术应用的去产能效应具有调节作用

本书首先在理论层面论证了企业的组织惯性和外部环境对数字技术应用提升产能利用率的调节机制。其中企业组织惯性包括惯例刚性和资源刚性，外部环境包括企业所处的市场环境、宏观经济环境以及媒体环境。本书认为，第一，企业自身组织惯性会弱化数字技术应用对企业产能利用率的积极影响。第二，企业所处的市场环境对数字技术应用提升产能利用率具有调节作用，企业所处地区的市场化程度越高，越有利于数字技术应用去产能效应的发挥。第三，媒体正面报道越多，可能越会导致企业管理层过度自信，使企业决策更加偏离最优状态，不利于企业数字技术应用去产能效应的发挥。但同时企业的媒体正面报道越多，越容易使外部投资者对企业形成良好的市场预期，企业为了迎合市场的积极态度，应用数字技术进行战略转型的动机更强，从而能提升企业的产能利用率。

在实证方面，本书借鉴万攀兵等（2021）、连燕玲等（2019）的研究设计，构建调节效应模型检验企业组织惯性和外部环境的调节效应。调节效应模型检验结果表明：企业惯例刚性和资源刚性均弱化了数字技术应用对企业产能利用率的积极影响；市场分割弱化了数字技术应用对企业产能利用率的积极影响；媒体正面报道弱化了数字技术应用对企业产能利用率的积极影响。

第二节　促进数字技术应用以提高制造业企业产能利用率的政策建议

制造业企业作为制造业转型升级与经济高质量发展的重要载体，要向高质量发展模式转变。企业提高产能利用率不仅是推动企业高质量发展的重点环节，也是提高经济韧性的关键所在。本书重点研究了数字技术应用对制造业企业产能利用率的影响。根据在理论分析、特征事实分析与实证分析中得出的结论，本书发现了企业在数字技术应用与产能利用方面的诸多问题：中国制造业企业产能利用率水平波动往复，产能过剩问题仍然存在；数字技术应用对不同特性的制造业企业产能利用率具有异质性影响，不能使用“一刀切”的政策；数字技术应用的去产能效应存在改进的空间，制造业企业数字技术应用过程中缺乏对创新质量的重视。鉴于此，本书提出以下政策建议：

一、协调推进数字技术应用与结构性去产能政策

深化供给侧结构性改革，需要推动人工智能、大数据、云计算、区块链等数字技术与实体经济深度融合。化解产能过剩与推进数字技术应用作为深化供给侧结构性改革的关键举措，政府需要保证数字技术应用与产能过剩治理政策的协调性。

第一，政府要加强自身的数字能力建设，降低政企之间的信息不对称，引导企业做出科学的投资决策。加强并利用政府相较企业的总量信息优势，提前预测并调控产业的总体产能布局。大多数企业都是基于期望的回报来进行投资，由于信息不对称，很多投资者出现了过高的回报预期，从而造成了投资决策的失误。政府在数据、信息、宏观调控政策等方面具有优势，可利用数字技术进一步完善产能利用率的统计监测制度，要有计划、有步骤地对各主要行业的产能、产能利用率等信息进行定期发布，以使其能够正确地引导市场预期，使企业采取合理的投资与生产决策，从而缓解“投资潮涌”。

第二，构建数字技术应用与市场整合的联动机制，有效化解产能过剩。在产能过剩背景下，政府应减少“有形之手”的过度干预，破除市场分割，打破要

素跨地区流动的体制障碍，推动统一市场建设，建立起吸收优质要素的体制机制，以加速产能过剩引发的微观企业调节。要充分激发数字技术的创新赋能作用，有效打破市场分割的制约，强化制造业企业的线上沟通，推动线下传统市场的一体化发展，积极探索新型商业模式。通过数字技术的应用推动市场整合，加快要素在“线下线上”市场中的流动，有效发挥要素的规模效应，降低企业数字技术应用的边际成本，提升企业的产能利用率，缓解产能过剩问题。

第三，推广智能制造、优化产业布局。利用大数据、人工智能、云计算等数字技术，推动制造业智能化，不仅可以提高制造业的效率和质量，也有助于实现更加精准的供需对接，减少过剩产能的形成。通过数字技术改造传统产业，推动高污染、低效率的行业转型升级或是渐次退出市场。应用数字技术对产业链进行优化，剥离不具竞争力的生产环节，提升整个行业的产能利用率。同时，要加强产业教育与就业培训的衔接，产业教育应紧密结合智能制造的发展趋势，就业培训要与智能制造的技术要求相匹配，培养适应智能制造需求的高素质人才。此外，还应建立起跨部门的合作机制，通过信息共享和资源整合，推动各个行业的智能化转型。

二、分类推进制造业企业数字技术应用

企业在融资约束、生命周期、所有权性质、技术密集度等方面的异质性，决定了其在数字技术应用方面存在不同的政策诉求，要求政府结合企业特点与比较优势，分类推进制造业企业数字技术应用。

第一，要深入推进金融市场改革，切实缓解企业的融资约束。政府应加强对资本市场的法制管理，建立健全完备的市场监管制度，以降低资本市场的摩擦，提升市场运行效率，同时应该逐步开放金融市场。政府需要加强对于市场交易体系数字化建设的引导与监管，建立投融资主体沟通平台，以增强其信息透明度。政府部门要把工作重点放在解决企业的资金问题上，通过建立统一规范的信息披露标准，形成全社会的信用信息体系以缓解信息不对称的问题，同时加大金融服务和产品创新，以有效解决企业的融资约束问题。

第二，处于不同生命周期阶段的制造业企业应根据自身的资源基础、组织目标、发展战略的特点来推进数字技术的应用。成长期的企业要充分发挥数字技术广泛的亲和性，积极探索新的业务增长点，开拓新的商业领域。通过数字技术的应用，提升公司的核心竞争力，从而达到快速成长的战略目标。成熟期的企业要

充分发挥数字技术的持续迭代和自生长的技术优势，高效整合企业内外部资源，激发组织的创新潜能，有效化解企业过剩产能。衰退期的企业面临被市场淘汰的风险，企业可应用数字技术进行战略转型，助力企业摆脱困境。

第三，积极推动国有企业数字技术应用。国有企业进行产能扩张的偏好更为明显、产能过剩现象严重，政府要加快推进国有企业数字技术应用。鼓励国有企业进行关键技术研发，突破核心业务场景，增强数字技术应用的内在动力。积极推动国有企业的产业数字化改造，加快数字车间和智能工厂落地，加强数据、流程、组织、技术四大要素的整合与协调发展，提高国有企业数字技术应用能力。同时在行业内树立典型，有效发挥其引领示范作用，加快国有企业数字技术应用进程。

第四，利用数字技术赋能，助力传统制造业转型升级。要充分发挥数字技术对传统制造业企业制造流程和商业模式的变革作用，加快推进产业数字化，以数字技术赋能传统制造业转型升级，充分把握中国传统制造业企业数字技术应用丰富的应用场景和广阔的市场空间，推动数字技术与实体经济的深度融合，助力中国“制造强国”的战略目标。政府需要充分整合行业企业和高校资源，建立数字技术人才培养机制，增加数字技术人才供给，以满足传统制造业企业数字技术应用所需的数字化人才的需求。

三、重视技术创新质量提升在数字技术应用去产能效应中的重要作用

通过技术创新质量提升，企业能够在数字技术应用去产能的过程中获取持续的创新动力和竞争优势。政府应加强对技术创新质量提升的支持和引导，为企业提供政策、资金、知识产权等多方面的支持，形成良好的创新环境。

第一，企业的“双重套利”行为是数字技术应用过程中抑制企业创新“提质”的重要原因，要优化创新激励政策、完善资本市场制度。一方面，要深化政府创新补贴改革。政府要鼓励、支持和引导制造业企业进行高质量技术创新，并根据行业创新发展水平变化动态调整创新激励政策，从而规避制造业企业为获取政府创新补贴采取的策略性创新行为，降低其从事低技术水平创新的倾向，优化全社会创新资源配置，从而提升制造业企业的产能利用率。另一方面，要完善资本市场制度。建立市场套利行为的提前预警机制，抑制资本市场套利行为，积极引导制造业企业从事高质量技术创新活动。

第二，借助企业技术创新“同群效应”，在行业内树立典型示范企业，引领行业内企业提升技术创新质量。“同群效应”的存在导致行业内企业技术创新策略趋同。政府在制定推动企业高质量技术创新规划时，要以重点扶持和普遍支持相结合的方式，重视和引导行业内的龙头企业，利用政府补贴、税收优惠等手段积极引导龙头企业开展高质量技术创新活动，“同群效应”的存在会使行业内企业同样采取高质量技术创新策略，进而提升整个行业的技术创新质量。

第三，完善知识产权保护制度。要强化创新成果知识产权的保护，创新成果所有权明晰化，能够激发企业技术创新的内生动力。做好知识产权保护工作的顶层设计，加强知识产权立法、司法、行政等方面的保障和协调。推进企业知识产权保护的体制机制改革，建立与企业创新发展协同的知识产权保护体系架构。引导创新资源合理配置，实现知识产权保护对企业创新质量的高效率、高质量调控，进而构建知识产权保护和企业创新在经济高质量发展过程中协同增效的机制。

参考文献

[1] Acemoglu, D., P. Restrepo. The race between man and machine: Implications of technology for growth, factor shares, and employment [J]. American Economic Review, 2018, 108 (6): 1488-1542.

[2] Acemoglu, D. Labor-and capital-augmenting technical change [J]. Journal of the European Economic Association, 2003, 1 (1): 1-37.

[3] Acemoglu, D., F. Zilibotti. Productivity differences [J]. The Quarterly Journal of Economics, 2001, 116 (2): 563-606.

[4] Aghion, P., P. Howitt. A model of growth through creative destruction [J]. NBER Working Paper. No. 3223, 1990.

[5] Aigner, D., C. A. K. Lovell, P. Schmidt. Formulation and estimation of stochastic frontier production function models [J]. Journal of Econometrics, 1977, 6 (1): 21-37.

[6] Amihud, Y., H. Mendelson. Liquidity and stock returns [J]. Financial Analysts Journal, 1986, 42 (3): 43-48.

[7] Anthony, J. H., K. Ramesh. Association between accounting performance measures and stock prices: A test of the life cycle hypothesis [J]. Journal of Accounting and Economics, 1992, 15 (2-3): 203-227.

[8] Aretz, K., P. F. Pope. Real options models of the firm, capacity overhang, and the cross section of stock returns [J]. The Journal of Finance, 2018, 73 (3): 1363-1415.

[9] Arrow, K. J. The economic implications of learning by doing [J]. The Review of Economic Studies, 1962, 29 (3): 155.

[10] Athey, S., G. W. Imbens. The state of applied econometrics: Causality and policy evaluation [J]. Journal of Economic Perspectives, 2017, 31 (2): 3-32.

[11] Babiceanu, R. F., R. Seker. Big Data and virtualization for manufacturing cyber-physical systems: A survey of the current status and future outlook [J]. Computers in Industry, 2016 (81): 128-137.

[12] Bain, J. S. Industrial organization [M]. New York: Wiley, 1968.

[13] Banerjee, A. V. A simple model of herd behavior [J]. The Quarterly Journal of Economics, 1992, 107 (3): 797-817.

[14] Banker, R. D., D. Byzalov. Asymmetric cost behavior [J]. Journal of Management Accounting Research, 2014, 26 (2): 43-79.

[15] Bartik, T. J. Who benefits from local job growth: Migrants or the original residents? [J]. Regional Studies, 1993, 27 (4): 297-311.

[16] Barzel Y. Excess capacity in monopolistic competition [J]. Journal of Political Economy, 1970, 78 (5): 1142-1149.

[17] Beatty, A., S. Liao, J. J. Yu. The spillover effect of fraudulent financial reporting on peer firms' investments [J]. Journal of Accounting and Economics, 2013, 55 (2-3): 183-205.

[18] Baum, J. A., Singh, J. V. Evolutionary dynamics of organizations [M]. Oxford: Oxford University Press, 1994.

[19] Bebchuk, L. A., L. A. Stole. Do short-term objectives lead to under-or overinvestment in long-term projects? [J]. The Journal of Finance, 1993, 48 (2): 719-729.

[20] Beck, T., R. Levine, A. Levkov. Big bad banks? The winners and losers from bank deregulation in the United States [J]. The Journal of Finance, 2010, 65 (5): 1637-1667.

[21] Benoit, J. P., V. Krishna. Dynamic duopoly: Prices and quantities [J]. The Review of Economic Studies, 1987, 54 (1): 23-35.

[22] Berman, S. J. Digital transformation: Opportunities to create new business models [J]. Strategy & Leadership, 2012, 40 (2): 16-24.

[23] Berndt, E. R., C. J. Morrison. Capacity utilization measures: Underlying economic theory and an alternative approach [J]. The American Economic Review,

1981, 71 (2): 48-52.

[24] Bhimani, A. Digital data and management accounting: Why we need to rethink research methods [J]. Journal of Management Control, 2020, 31 (1): 9-23.

[25] Biddle, G. C., G. Hilary, R. S. Verdi. How does financial reporting quality relate to investment efficiency? [J]. Journal of Accounting and Economics, 2009, 48 (2-3): 112-131.

[26] Bjorkdahl, J. Strategies for digitalization in manufacturing firms [J]. California Management Review, 2020, 62 (4): 17-36.

[27] Boustan, L., F. Ferreira, H. Winkler., et al. The effect of rising income inequality on taxation and public expenditures: Evidence from US municipalities and school districts, 1970 - 2000 [J]. Review of Economics and Statistics, 2013, 95 (4): 1291-1302.

[28] Bulow, J., J. Geanakoplos, P. Klemperer. Holding idle capacity to deter entry [J]. The Economic Journal, 1985, 95 (377): 178-182.

[29] Bushee, B. J., J. E. Core, W. Guay., et al. The role of the business press as an information intermediary [J]. Journal of Accounting Research, 2010, 48 (1): 1-19.

[30] Buzacott, J. A., M. Mandelbaum. Flexibility and productivity in manufacturing systems [C]. Proceedings of the Annual IIE Conference, 1985: 404-413.

[31] Cardinal, L. B. Technological innovation in the pharmaceutical industry: The use of organizational control in managing research and development [J]. Organization Science, 2001, 12 (1): 19-36.

[32] Chamberlin, E. H. Theory of monopolistic competition: A re-orientation of the theory of value [M]. London: Oxford University Press, 1949.

[33] Charnes, A., W. W. Cooper, E. Rhodes. Measuring the efficiency of decision making units [J]. European Journal of Operational Research, 1978, 2 (6): 429-444.

[34] Chen, Y., Z. Fan, X. Gu., et al. Arrival of young talent: The send-down movement and rural education in China [J]. American Economic Review, 2020, 110 (11): 3393-3430.

[35] Chen, M. A., Q. Wu, B. Yang. How valuable is FinTech innovation?

[J]. The Review of Financial Studies, 2019, 32 (5): 2062-2106.

[36] Ciriello, R. F., A. Richter, G. Schwabe. Digital innovation [J]. Business & Information Systems Engineering, 2018, 60 (6): 563-569.

[37] Coelli, T. J., D. S. P. Rao, C. J. O' Donnell., et al. An introduction to efficiency and productivity analysis [M]. Berlin: Springer Science & Business Media, 2005.

[38] Cong, L. W., Z. He. Blockchain disruption and smart contracts [J]. The Review of Financial Studies, 2019, 32 (5): 1754-1797.

[39] Corbett, C. J. How sustainable is big data? [J]. Production and Operations Management, 2018, 27 (9): 1685-1695.

[40] Dagdeviren, H. Structural constraints and excess capacity: An international comparison of manufacturing firms [J]. Development Policy Review, 2016, 34 (5): 623-641.

[41] Dana Jr, J. D., E. Orlov. Internet penetration and capacity utilization in the US airline industry [J]. American Economic Journal: Microeconomics, 2014, 6 (4): 106-37.

[42] Dechow, P. M., I. D. Dichev. The quality of accruals and earnings: The role of accrual estimation errors [J]. The Accounting Review, 2002, 77 (s-1): 35-59.

[43] Dermisi, S. Internet reduces the time before lease-up or sale of office properties [J]. Real Estate Review, 2004, 33 (1): 22-28.

[44] Dixit, A. The role of investment in entry-deterrence [J]. The Economic Journal, 1980, 90 (357): 95-106.

[45] Driver, C. Capacity utilisation and excess capacity: Theory, evidence, and policy [J]. Review of Industrial Organization, 2000, 16 (1): 69-87.

[46] Enamorado, T., L. F. Lopez-Calva, C. Rodriguez-Castelan., et al. Income inequality and violent crime: Evidence from mexico's drug war [J]. Journal of Development Economics, 2016 (120): 128-143.

[47] Fan, J. P. H., T. J. Wong, T. Zhang. Politically connected CEOs, corporate governance, and Post-IPO performance of China's newly partially privatized firms [J]. Journal of Financial Economics, 2007, 84 (2): 330-357.

[48] Fenwick, M., J. A. McCahery, E. P. M. Vermeulen. The end of 'corpo-

rate' governance: Hello 'platform' governance [J]. European Business Organization Law Review, 2019, 20 (1): 171-199.

[49] Fenwick, M., E. P. M. Vermeulen. Technology and corporate governance: Blockchain, crypto, and artificial intelligence [J]. Tex. J. Bus. L., 2019 (48): 1.

[50] Frankowiak, M., R. Grosvenor, P. Prickett. A review of the evolution of microcontroller-based machine and process monitoring [J]. International Journal of Machine Tools and Manufacture, 2005, 45 (4-5): 573-582.

[51] Frishammar, J., S. Ake, Horte. Managing external information in manufacturing firms: The impact on innovation performance [J]. Journal of Product Innovation Management, 2005, 22 (3): 251-266.

[52] Gardner, J. W. How to prevent organizational dry rot [J]. Rice Thresher, 1965, 53 (5).

[53] Garofalo, G. A., D. M. Malhotra. Regional measures of capacity utilization in the 1980s [J]. Review of Economics and Statistics, 1997, 79 (3): 415-421.

[54] Giannetti, M., G. M. Liao, X. Y. Yu. The brain gain of corporate boards: Evidence from China [J]. Journal of Finance, 2015, 70 (4): 1629-1682.

[55] Gilbert, C. G. Unbundling the structure of inertia: Resource versus routine rigidity [J]. Academy of Management Journal, 2005, 48 (5): 741-763.

[56] Gilchrist, S., J. C. Williams. Investment, capacity, and uncertainty: A putty-clay approach [J]. Review of Economic Dynamics, 2005, 8 (1): 1-27.

[57] Goldsmith-Pinkham, P., I. Sorkin, H. Swift. Bartik instruments: What, when, why, and how [J]. American Economic Review, 2020, 110 (8): 2586-2624.

[58] Gomber, P., R. J. Kauffman, C. Parker, et al. On the fintech revolution: Interpreting the forces of innovation, disruption, and transformation in financial services [J]. Journal of Management Information Systems, 2018, 35 (1): 220-265.

[59] Gopalkrishnan, S. S. A new resource for social entrepreneurs: Technology [J]. American Journal of Management, 2013, 13 (1): 66-78.

[60] Greenwood, J., Z. Hercowitz, G. W. Huffman. Investment, capacity utilization, and the real business cycle [J]. The American Economic Review, 1988: 402-417.

[61] Grossman, G. M., E. Helpman. Quality ladders in the theory of growth [J].

The Review of Economic Studies, 1991, 58 (1): 43-61.

[62] Gupta, Y. P., S. Goyal. Flexibility of manufacturing systems: Concepts and measurements [J]. European Journal of Operational Research, 1989, 43 (2): 119-135.

[63] Gupta, Y. P., S. Goyal. Flexibility trade-offs in a random flexible manufacturing system: A simulation study [J]. The International Journal of Production Research, 1992, 30 (3): 527-557.

[64] Hadlock, C. J., J. R. Pierce. New evidence on measuring financial constraints: Moving beyond the KZ index [J]. The Review of Financial Studies, 2010, 23 (5): 1909-1940.

[65] Haire, M. Biological models and empirical histories of the growth of organizations [J]. Modern Organization Theory, 1959 (10): 272-306.

[66] Hanlon, W. W. Human capital transferability and the structure of the economy [C] //The Jerusalem Summer School in Economic Growth, The Hebrew University of Jerusalem, Conference Proceedings, 2008.

[67] Hayward, M. L., D. C. Hambrick. Explaining the premiums paid for large acquisitions: Evidence of CEO hubris [J]. Administrative Science Quarterly, 1997, 42 (1): 103-127.

[68] Hubbard, T. N. Information, decisions, and productivity: On-board computers and capacity utilization in trucking [J]. American Economic Review, 2003, 93 (4): 1328-1353.

[69] Hubbard, R. G. Capital-market imperfections and investment [R]. NBER Working Paper. No. 5996, 1997.

[70] Hylving, L., O. Henfridsson, L. Selander. The role of dominant design in a product developing firm' s digital innovation [J]. Journal of Information Technology Theory & Application, 2012, 13 (2): 5-21.

[71] Ivaninskiy, I. The impact of the digital transformation of business on corporate governance: An overview of recent studies [J]. Корпоративные финансы, 2019, 13 (3): 35-47.

[72] Kahn, J. A., M. M. McConnell, G. Perez-Quiros. On the causes of the increased stability of the US economy [J]. Economic Policy Review, 2002, 8 (1):

183-202.

[73] Kaidalova, J., S. Kurt, S. Ulf. How digital transformation affects enterprise architecture management—a case study [J]. International Journal of Information Systems and Project Management, 2018, 6 (3): 5-18.

[74] Kamien, M. I., N. L. Schwartz. Uncertain entry and excess capacity [J]. The American Economic Review, 1972, 62 (5): 918-927.

[75] Kaplan, S. N., L. Zingales. Do investment-cash flow sensitivities provide useful measures of financing constraints? [J]. The Quarterly Journal of Economics, 1997, 112 (1): 169-215.

[76] Kim, O., R. E. Verrecchia. The relation among disclosure, returns, and trading volume information [J]. The Accounting Review, 2001, 76 (4): 633-654.

[77] Kirkley, J., C. J. P. Morrison, D. Squires. Capacity and capacity utilization in common-pool resource industries [J]. Environmental and Resource Economics, 2002, 22 (1): 71-97.

[78] Klein, L. R., R. S. Preston. Some new results in the measurement of capacity utilization [J]. The American Economic Review, 1967, 57 (1): 34-58.

[79] Klein, L. R. Some theoretical issues in the measurement of capacity [J]. Econometrica: Journal of the Econometric Society, 1960: 272-286.

[80] Kleis, L., P. Chwelos, R. V. Ramirez., et al. Information technology and intangible output: The impact of IT investment on innovation productivity [J]. Information Systems Research, 2012, 23 (1): 42-59.

[81] Koopmans, T. C. On the concept of optimal economic growth [J]. Cowles Foundation Discussion Papers, 1963, 392.

[82] Lang, M. H., K. V. Lins, D. P. Miller. Concentrated control, analyst following, and valuation: Do analysts matter most when investors are protected least? [J]. Journal of Accounting Research, 2004, 42 (3): 589-623.

[83] Lang, M. H., M. G. Maffett, E. Owens. Earnings comovement and accounting comparability: The effects of mandatory IFRS adoption [J]. Simon School Working Paper. No. FR. 11-03, 2010.

[84] Lang, M., K. V. Lins, M. Maffett. Transparency, liquidity, and valuation: International evidence on when transparency matters most [J]. Journal of Ac-

counting Research, 2012, 50 (3): 729-774.

[85] Lendle, A., M. Olarreaga, S. Schropp, et al. There goes gravity: EBay and the death of distance [J]. The Economic Journal, 2016, 126 (591): 406-441.

[86] Levinsohn, J., A. Petrin. Estimating production functions using inputs to control for unobservables [J]. The Review of Economic Studies, 2003, 70 (2): 317-341.

[87] Lewis, G. B., Y. J. Cho. The aging of the state government workforce: Trends and implications [J]. The American Review of Public Administration, 2011, 41 (1): 48-60.

[88] Li, Y., S. Yao, W. M. Chia. Demand uncertainty, information processing ability, and endogenous firm: Another perspective on the impact of ICT [J]. Nankai Business Review International. No. 21128, 2011.

[89] Lindbeck, A., S. Wikstrom. The ICT revolution in consumer product markets [J]. Consumption, Markets and Culture, 2000, 4 (1): 77-99.

[90] Liu, D. Y., S. W. Chen, T. C. Chou. Resource fit in digital transformation: Lessons learned from the CBC Bank global e-banking project [J]. Management Decision, 2011, 49 (10): 1728-1742.

[91] Liu, Y., W. Lio. Power option pricing problem of uncertain exponential Ornstein-Uhlenbeck model [J]. Chaos, Solitons & Fractals, 2024 (178): 114293.

[92] Lucas, R. E. On the mechanics of economic development [J]. Journal of Monetary Economics, 1988, 22 (1): 3-42.

[93] Lyytinen, K., Y. Yoo, Jr. R. J. Boland. Digital product innovation within four classes of innovation networks [J]. Information Systems Journal, 2016, 26 (1): 47-75.

[94] Malmendier, U., G. Tate. CEO overconfidence and corporate investment [J]. The Journal of Finance, 2005, 60 (6): 2661-2700.

[95] Manita, R., N. Elommal, P. Baudier, et al. The digital transformation of external audit and its impact on corporate governance [J]. Technological Forecasting and Social Change, 2020 (150): 119751.

[96] Manne, A. S. Capacity expansion and probabilistic growth [J]. Econometrica: Journal of the Econometric Society, 1961: 632-649.

[97] Marini, G., A. Pannone. Capital and capacity utilization revisited: A theory for ICT-assisted production systems [J]. Structural Change and Economic Dynamics, 2007, 18 (2): 231-248.

[98] Meeusen, W., J. van den Broeck. Technical efficiency and dimension of the firm: Some results on the use of frontier production functions [J]. Empirical Economics, 1977, 2 (2): 109-122.

[99] Mikalef, P., R. van de Wetering, J. Krogstie. Building dynamic capabilities by leveraging big data analytics: The role of organizational inertia [J]. Information & Management, 2021, 58 (6): 103412.

[100] Milgrom, P., J. Roberts. The economics of modern manufacturing: Technology, strategy, and organization [J]. The American Economic Review, 1990: 511-528.

[101] Morakanyane, R., A. A. Grace, P. O'reilly. Conceptualizing digital transformation in business organizations: A systematic review of literature [J]. Bled EConference, 2017 (21): 428-444.

[102] Morton, M. S. Corporation of the 1990s: Information technology and organizational transformation [M]. Oxford: Oxford University Press, 1990.

[103] Nambisan, S. Digital entrepreneurship: Toward a digital technology perspective of entrepreneurship [J]. Entrepreneurship Theory and Practice, 2017, 41 (6): 1029-1055.

[104] Nambisan, S., K. Lyytinen, A. Majchrzak., et al. Digital innovation management: Reinventing innovation management research in a digital world [J]. MIS quarterly, 2017, 41 (1): 223-238.

[105] Nedzinskas, S., A. Pundziene, S. Buoziute-Rafanaviciene, et al. The impact of dynamic capabilities on SME performance in a volatile environment as moderated by organizational inertia [J]. Baltic Journal of Management, 2013, 8 (4): 376-396.

[106] Nelson, R. A. On the measurement of capacity utilization [J]. The Journal of Industrial Economics, 1989, 37 (3): 273-286.

[107] Nightingale, P., T. Brady, A. Davies, et al. Capacity utilization revisited: software, control and the growth of large technical systems [J]. Industrial and

Corporate Change, 2003, 12 (3): 477-517.

[108] Pacheco, D. F., T. J. Dean. Firm responses to social movement pressures: A competitive dynamics perspective [J]. Strategic Management Journal, 2015, 36 (7): 1093-1104.

[109] Paraskevopoulos, D., E. Karakitsos, B. Rustem. Robust capacity planning under uncertainty [J]. Management Science, 1991, 37 (7): 787-800.

[110] Parsley, D. C., S. J. Wei. Convergence to the law of one price without trade barriers or currency fluctuations [J]. The Quarterly Journal of Economics, 1996, 111 (4): 1211-1236.

[111] Parsley, D. C., S. J. Wei. Limiting currency volatility to stimulate goods market integration: A price based approach [J]. IMF Working Papers, 2001, 1 (197) .

[112] Pentland, B. T., M. S. Feldman. Designing routines: On the folly of designing artifacts, while hoping for patterns of action [J]. Information and Qrganization, 2008, 18 (4): 235-250.

[113] Peter, M. K., C. Kraft, J. Lindeque. Strategic action fields of digital transformation: An exploration of the strategic action fields of Swiss SMEs and large enterprises [J]. Journal of Strategy and Management, 2020, 13 (1): 160-180.

[114] Phillips, A. An appraisal of measures of capacity [J]. The American Economic Review, 1963, 53 (2): 275-292.

[115] Qi, H. Q., B. M. Huang, W. Li. Changes of elemental production rate and China's overcapacity under the shock of supply and demand [J]. Social Sciences in Nanjing, 2014 (8): 16-23.

[116] Olley, S., A. Pakes. The dynamics of productivity in the telecommunications equipment industry [J]. Econometrica, 1996 (64): 1263-1298.

[117] Richardson, S. Over-investment of free cash flow [J]. Review of Accounting Studies, 2006, 11 (2): 159-189.

[118] Romer, P. M. Increasing returns and long-run growth [J]. Journal of Political Economy, 1986, 94 (5): 1002-1037.

[119] Romer, P. M. Endogenous technological change [J]. Journal of Political Economy, 1990, 98 (5): 71-102.

[120] Schumpeter, J. A. The theory of economic development: An inquiry into profits, capital, credit, interest, and the business cycle [M]. Cambridge: Harvard University Press, 1912.

[121] Singhal, K., Q. Feng, R. Ganeshan, et al. Introduction to the special issue on perspectives on big data [J]. Production and Operations Management, 2018, 27 (9): 1639-1641.

[122] Solberg, E., L. E. M. Traavik, S. I. Wong. Digital mindsets: Recognizing and leveraging individual beliefs for digital transformation [J]. California Management Review, 2020, 62 (4): 105-124.

[123] Solow, R. M. A contribution to the theory of economic growth [J]. Quarterly Journal of Economics, 1956, 70 (1): 65-94.

[124] Stene, E. O. An approach to a science of administration [J]. American Political Science Review, 1940, 34 (6): 1124-1137.

[125] Su, Y. C., F. T. Cheng, M. H. Hung, et al. Intelligent prognostics system design and implementation [J]. IEEE Transactions on Semiconductor Manufacturing, 2006, 19 (2): 195-207.

[126] Suarez, F. F., M. A. Cusumano, C. H. Fine. An empirical study of flexibility in manufacturing [J]. MIT Sloan Management Review, 1995, 37 (1): 25.

[127] Swan, T. W. Economic growth and capital accumulation [J]. Economic Record, 1956, 32 (2): 334-361.

[128] Tilson, D., K. Lyytinen, C. Sørensen. Research commentary—Digital infrastructures: The missing IS research agenda [J]. Information Systems Research, 2010, 21 (4): 748-759.

[129] Upton, D. M. Flexibility as process mobility: The management of plant capabilities for quick response manufacturing [J]. Journal of Operations Management, 1995, 12 (3-4): 205-224.

[130] Valdez-de-Leon, O. A digital maturity model for telecommunications service providers [J]. Technology Innovation Management Review, 2016, 6 (8): 19-32.

[131] Verhoef. P. C., T. Broekhuizen, Y. Bart, et al. Digital transformation: A multidisciplinary reflection and research agenda [J]. Journal of Business Research, 2021 (122): 889-901.

[132] Vial, G. Understanding digital transformation: A review and a research agenda [J]. Managing Digital Transformation, 2021: 13-66.

[133] Von Briel, F., P. Davidsson, J. Recker. Digital technologies as external enablers of new venture creation in the IT hardware sector [J]. Entrepreneurship Theory and Practice, 2018, 42 (1): 47-69.

[134] Wang, Z., C. Zheng. Is technological innovation the cure for overcapacity? Exploring mediating and moderating mechanisms [J]. Journal of Business Research, 2022 (147): 348-361.

[135] Warner, K. S. R., M. Wager. Building dynamic capabilities for digital transformation: An ongoing process of strategic renewal [J]. Long Range Planning, 2019, 52 (3): 326-349.

[136] Watanabe, C., N. Naveed, P. Neittaanmaki. Digital solutions transform the forest-based bioeconomy into a digital platform industry—A suggestion for a disruptive business model in the digital economy [J]. Technology in Society, 2018 (54): 168-188.

[137] Westerman, G., C. Calmejane, D. Bonnet, et al. Digital Transformation: A roadmap for billion-dollar organizations [J]. MIT Center for Digital Business and Capgemini Consulting, 2011 (1): 1-68.

[138] Whitt, W. The stationary distribution of a stochastic clearing process [J]. Operations Research, 1981, 29 (2): 294-308.

[139] Wigand, R. T. Electronic commerce: Definition, theory, and context [J]. The Information Society, 1997, 13 (1): 1-16.

[140] Yeow, A., C. Soh, R. Hansen. Aligning with new digital strategy: A dynamic capabilities approach [J]. The Journal of Strategic Information Systems, 2018, 27 (1): 43-58.

[141] Yoo, Y., Jr. R. J. Boland, K. Lyytinen, et al. Organizing for innovation in the digitized world [J]. Organization Science, 2012, 23 (5): 1398-1408.

[142] Zhang, D. Impacts of credit constraints on innovation propensity and innovation performance: Evidence from China and India [J]. Asia-Pacific Journal of Accounting & Economics, 2021: 1-23.

[143] 巴苏，考希克．新科技与规模报酬递增：反垄断世纪的终结 [J]. 比

较，2021（5）：15-22.

［144］白让让．竞争驱动、政策干预与产能扩张——兼论“潮涌现象”的微观机制［J］．经济研究，2016，51（11）：56-69.

［145］柏培文，喻理．数字经济发展与企业价格加成：理论机制与经验事实［J］．中国工业经济，2021（11）：59-77.

［146］包群，唐诗，刘碧．地方竞争、主导产业雷同与国内产能过剩［J］．世界经济，2017，40（10）：144-169.

［147］卞元超，白俊红．区域市场整合能否提升企业的产能利用率？［J］．财经研究，2021，47（11）：64-77.

［148］曹建海，江飞涛．中国工业投资中的重复建设与产能过剩问题研究［M］．北京：经济管理出版社，2010.

［149］曾德麟，蔡家玮，欧阳桃花．数字化转型研究：整合框架与未来展望［J］．外国经济与管理，2021，43（5）：63-76.

［150］曾建光，王立彦．Internet 治理与代理成本——基于 Google 大数据的证据［J］．经济科学，2015（1）：112-125.

［151］陈德球，胡晴．数字经济时代下的公司治理研究：范式创新与实践前沿［J］．管理世界，2022，38（6）：213-240.

［152］陈国权，刘薇．企业组织内部学习、外部学习及其协同作用对组织绩效的影响——内部结构和外部环境的调节作用研究［J］．中国管理科学，2017，25（5）：175-186.

［153］陈剑，黄朔，刘运辉．从赋能到使能——数字化环境下的企业运营管理［J］．管理世界，2020，36（2）：117-128+222.

［154］陈劲，杨文池，于飞．数字化转型中的生态协同创新战略——基于华为企业业务集团（EBG）中国区的战略研讨［J］．清华管理评论，2019（6）：22-26.

［155］陈俊龙，汤吉军．管理授权、国有股最优比例与产能过剩——基于混合寡占模型的研究［J］．当代财经，2016（2）：74-84.

［156］陈其齐，杜义飞，薛敏．数字化转型及不确定环境下中国管理研究与实践的创新发展——第 11 届“中国·实践·管理”论坛评述［J］．管理学报，2021，18（3）：337-342.

［157］陈少凌，梁伟娟，刘天珏．从过度投资到产能过剩：理论与经验证据

[J]. 产经评论，2021，12（1）：44-67.

[158] 陈仕华，卢昌崇，姜广省，王雅茹. 国企高管政治晋升对企业并购行为的影响——基于企业成长压力理论的实证研究 [J]. 管理世界，2015（9）：125-136.

[159] 陈晓红，李杨扬，宋丽洁，汪阳洁. 数字经济理论体系与研究展望 [J]. 管理世界，2022，38（2）：208-224.

[160] 陈岩，张李叶子，李飞，张之源. 智能服务对数字化时代企业创新的影响 [J]. 科研管理，2020，41（9）：51-64.

[161] 陈艳艳，罗党论. 地方官员更替与企业投资 [J]. 经济研究，2012，47（S2）：18-30.

[162] 程新生，谭有超，刘建梅. 非财务信息、外部融资与投资效率——基于外部制度约束的研究 [J]. 管理世界，2012（7）：137-150+188.

[163] 池毛毛，叶丁菱，王俊晶，翟姗姗. 我国中小制造企业如何提升新产品开发绩效——基于数字化赋能的视角 [J]. 南开管理评论，2020，23（3）：63-75.

[164] 池仁勇，郑瑞钰，阮鸿鹏. 企业制造过程与商业模式双重数字化转型研究 [J]. 科学学研究，2022，40（1）：172-181.

[165] 丛屹，闫苗苗. 数字经济、人力资本投资与高质量就业 [J]. 财经科学，2022（3）：112-122.

[166] 崔永梅，王孟卓. 基于 SCP 理论兼并重组治理产能过剩问题研究——来自工业行业面板数据实证研究 [J]. 经济问题，2016（10）：7-13.

[167] 戴魁早，刘友金. 市场化进程对创新效率的影响及行业差异——基于中国高技术产业的实证检验 [J]. 财经研究，2013，39（5）：4-16.

[168] 邓峰，冯福博，杨小东. 市场分割、数字经济与区域创新效率 [J]. 统计与决策，2022，38（9）：17-20.

[169] 邓新明，刘禹，龙贤义，林晓真，杨赛凡，Munkhbayar，K. 管理者认知视角的环境动态性与组织战略变革关系研究 [J]. 南开管理评论，2021，24（1）：62-73+88-90.

[170] 邓泳红，张其仔. 中国应对第四次工业革命的战略选择 [J]. 中州学刊，2015（6）：23-28.

[171] 董斌，吴巧. 资源依赖、信息透明度与经营绩效——资源诅咒的微观

解释［J］. 投资研究，2020，39（5）：13-36.

［172］董敏杰，梁泳梅，张其仔．中国工业产能利用率：行业比较、地区差距及影响因素［J］. 经济研究，2015，50（1）：84-98.

［173］董祺．中国企业信息化创新之路有多远？——基于电子信息企业面板数据的实证研究［J］. 管理世界，2013（7）：123-129+171.

［174］董琴．从制造大国到制造强国：中国标准化战略的新使命与战略调整［J］. 经济学家，2022（1）：86-95.

［175］窦彬，汤国生．钢铁行业投资过度、产能过剩原因及对策［M］. 北京：经济科学出版社，2009.

［176］杜传忠，张远．数字经济发展对企业生产率增长的影响机制研究［J］. 证券市场导报，2021（2）：41-51.

［177］杜金岷，李亚菲，吴非．股票流动性、媒体关注与企业创新［J］. 中国经济问题，2020（3）：73-89.

［178］范林凯，李晓萍，应珊珊．渐进式改革背景下产能过剩的现实基础与形成机理［J］. 中国工业经济，2015（1）：19-31.

［179］方森辉，毛其淋．人力资本扩张与企业产能利用率——来自中国"大学扩招"的证据［J］. 经济学（季刊），2021，21（6）：1993-2016.

［180］付晨玉，杨艳琳．中国工业化进程中的产业发展质量测度与评价［J］. 数量经济技术经济研究，2020，37（3）：3-25.

［181］付东，钱爱民．资本引入战略与产能利用率——基于"双循环"新发展格局的分析［J］. 经济经纬，2022，39（3）：97-107.

［182］高建刚．"互联网+"驱动我国产业高质量发展的路径与对策研究［M］. 北京：经济管理出版社，2024.

［183］耿强，江飞涛，傅坦．政策性补贴，产能过剩与中国的经济波动——引入产能利用率 RBC 模型的实证检验［J］. 中国工业经济，2011（5）：27-36.

［184］郭海，韩佳平．数字化情境下开放式创新对新创企业成长的影响：商业模式创新的中介作用［J］. 管理评论，2019，31（6）：186-198.

［185］韩国高，高铁梅，王立国，齐鹰飞，王晓姝．中国制造业产能过剩的测度、波动及成因研究［J］. 经济研究，2011，46（12）：18-31.

［186］韩国高，陈庭富，刘田广．数字化转型与企业产能利用率——来自中国制造企业的经验发现［J］. 财经研究，2022，48（9）：154-168.

［187］韩璐，陈松，梁玲玲．数字经济、创新环境与城市创新能力［J］．科研管理，2021，42（4）：35-45.

［188］韩先锋，宋文飞，李勃昕．互联网能成为中国区域创新效率提升的新动能吗［J］．中国工业经济，2019（7）：119-136.

［189］何帆，刘红霞．数字经济视角下实体企业数字化变革的业绩提升效应评估［J］．改革，2019（4）：137-148.

［190］何小钢，陈锦玲，罗奇，王自力．市场化机制能否缓解产能过剩——基于企业治理视角［J］．产业经济研究，2021（5）：26-39.

［191］何瑛，于文蕾，杨棉之．CEO 复合型职业经历、企业风险承担与企业价值［J］．中国工业经济，2019（9）：155-173.

［192］贺京同，何蕾．国有企业扩张、信贷扭曲与产能过剩——基于行业面板数据的实证研究［J］．当代经济科学，2016，38（1）：58-67+126.

［193］洪永淼，汪寿阳．大数据、机器学习与统计学：挑战与机遇［J］．计量经济学报，2021（1）：17-35.

［194］侯巧铭，宋力，蒋亚朋．管理者行为、企业生命周期与非效率投资［J］．会计研究，2017（3）：61-67+95.

［195］胡川，郭林英．产能过剩、闲置成本与企业创新的关系研究［J］．科研管理，2020，41（5）：40-46.

［196］黄大禹，谢获宝，孟祥瑜，张秋艳．数字化转型与企业价值——基于文本分析方法的经验证据［J］．经济学家，2021（12）：41-51.

［197］黄梅波，吕朝凤．中国潜在产出的估计与“自然率假说”的检验［J］．数量经济技术经济研究，2010，27（7）：3-20.

［198］黄群慧，余泳泽，张松林．互联网发展与制造业生产率提升：内在机制与中国经验［J］．中国工业经济，2019（8）：5-23.

［199］黄速建，肖红军，王欣．论国有企业高质量发展［J］．中国工业经济，2018（10）：19-41.

［200］黄速建，余菁．国有企业的性质、目标与社会责任［J］．中国工业经济，2006（2）：68-76.

［201］黄秀路，葛鹏飞，武宵旭．中国工业产能利用率的地区行业交叉特征与差异分解［J］．数量经济技术经济研究，2018，35（9）：60-77.

［202］纪园园，谢婼青，李世奇，邸俊鹏．计量经济学前沿理论与方法——

第四届中国计量经济学者论坛（2020）综述［J］. 经济研究，2021，56（4）：201-204.

［203］胡山，余泳泽. 数字经济与企业创新：突破性创新还是渐进性创新？［J］. 财经问题研究，2022（1）：42-51.

［204］贾润崧，胡秋阳. 市场集中、空间集聚与中国制造业产能利用率——基于微观企业数据的实证研究［J］. 管理世界，2016（12）：25-35.

［205］贾兴平，刘益. 外部环境、内部资源与企业社会责任［J］. 南开管理评论，2014，17（6）：13-18+52.

［206］简新华，杨艳琳. 产业经济学（第二版）［M］. 武汉：武汉大学出版社，2009.

［207］江飞涛，曹建海. 市场失灵还是体制扭曲——重复建设形成机理研究中的争论、缺陷与新进展［J］. 中国工业经济，2009（1）：53-64.

［208］江飞涛，耿强，吕大国，李晓萍. 地区竞争、体制扭曲与产能过剩的形成机理［J］. 中国工业经济，2012（6）：44-56.

［209］江源. 钢铁等行业产能利用评价［J］. 统计研究，2006（12）：13-19+83.

［210］康志勇. 政府补贴促进了企业专利质量提升吗？［J］. 科学学研究，2018，36（1）：69-80.

［211］孔东民，季绵绵，周妍. 固定资产加速折旧政策与企业产能过剩［J］. 财贸经济，2021，42（9）：50-65.

［212］雷辉，唐世一，盛莹，陈收. 流程数字化、供应链信息分享与企业绩效［J］. 湖南大学学报（社会科学版），2021，35（6）：67-79.

［213］黎文靖，郑曼妮. 实质性创新还是策略性创新？——宏观产业政策对微观企业创新的影响［J］. 经济研究，2016，51（4）：60-73.

［214］黎晓春，常敏. 数字经济时代创新型城市发展的动力变革和路径优化研究［J］. 治理研究，2020，36（1）：93-99.

［215］李冬伟，李建良. 基于企业生命周期的智力资本对企业价值影响研究［J］. 管理学报，2012，9（5）：706-714.

［216］李鹤尊，孙健，安娜. ERP 系统实施与企业成本黏性［J］. 会计研究，2020（11）：47-59.

［217］李后建，张剑. 企业创新对产能过剩的影响机制研究［J］. 产业经济

研究，2017（2）：114-126.

［218］李后建．信息通信技术应用能缓解产能过剩吗？［J］．科学学研究，2017，35（10）：1491-1507.

［219］李江涛．“产能过剩”及其治理机制［J］．国家行政学院学报，2006（5）：32-35.

［220］李磊，王小霞，包群．机器人的就业效应：机制与中国经验［J］．管理世界，2021（9）：104-118.

［221］李腾，孙国强，崔格格．数字产业化与产业数字化：双向联动关系、产业网络特征与数字经济发展［J］．产业经济研究，2021（5）：54-68.

［222］李文涛．数字技术、行业冲击与企业决策——基于机器学习识别专利类型的经验［D］．厦门大学，2021.

［223］李晓华．人工智能的马克思主义解读［J］．人民论坛，2019（S1）：98-99.

［224］李晓华．数字经济新特征与数字经济新动能的形成机制［J］．改革，2019（11）：40-51.

［225］李晓溪，饶品贵．预防性监管与公司产能过剩——基于年报问询函的研究证据［J］．金融研究，2022（4）：170-187.

［226］李小忠．数字经济发展与企业价值提升——基于生命周期理论的视角［J］．经济问题，2021（3）：116-121.

［227］李英利，谭梦卓．会计信息透明度与企业价值——基于生命周期理论的再检验［J］．会计研究，2019（10）：27-33.

［228］李悦．浅论上海外商工业企业的作用、问题与对策［J］．世界经济研究，1998（1）：61-62.

［229］李云鹤，李湛，唐松莲．企业生命周期、公司治理与公司资本配置效率［J］．南开管理评论，2011，14（3）：110-121.

［230］连燕玲，叶文平，刘依琳．行业竞争期望与组织战略背离——基于中国制造业上市公司的经验分析［J］．管理世界，2019，35（8）：155-172+191-192.

［231］连燕玲，周兵，贺小刚，温丹玮．经营期望、管理自主权与战略变革［J］．经济研究，2015，50（8）：31-44.

［232］梁上坤，张宇，王彦超．内部薪酬差距与公司价值——基于生命周期

理论的新探索［J］. 金融研究，2019（4）：188-206.

［233］林伯强，谭睿鹏. 中国经济集聚与绿色经济效率［J］. 经济研究，2019，54（2）：119-132.

［234］林毅夫，巫和懋，邢亦青. "潮涌现象"与产能过剩的形成机制［J］. 经济研究，2010，45（10）：4-19.

［235］林毅夫. "潮涌现象"与发展中国家宏观经济理论的重新构建［J］. 经济研究，2007（1）：126-131.

［236］刘斌，赖洁基. 破行政垄断之弊能否去产能过剩之势？——基于出台《公平竞争审查制度》的准自然实验［J］. 财经研究，2021，47（9）：34-47.

［237］刘航，孙早. 城镇化动因扭曲与制造业产能过剩——基于2001—2012年中国省级面板数据的经验分析［J］. 中国工业经济，2014（11）：5-17.

［238］刘帅，杨丹辉，金殿臣. 环境规制对产能利用率的影响——基于技术创新中介调节效应的分析［J］. 改革，2021（8）：77-89.

［239］卢锋. 标本兼治产能过剩［J］. 中国改革，2010（5）：88-91+119.

［240］逯苗苗，宿玉海. 网络嵌入视角下中国制造业企业高质量发展研究［M］. 北京：经济科学出版社，2021.

［241］鲁桐，党印. 公司治理与技术创新：分行业比较［J］. 经济研究，2014，49（6）：115-128.

［242］罗贞礼. 我国数字经济发展的三个基本属性［J］. 人民论坛·学术前沿，2020（17）：6-12.

［243］罗佳，张蛟蛟，李科. 数字技术创新如何驱动制造业企业全要素生产率？——来自上市公司专利数据的证据［J］. 财经研究，2023，49（2）：95-109.

［244］吕铁，李载驰. 数字技术赋能制造业高质量发展——基于价值创造和价值获取的视角［J］. 学术月刊，2021，53（4）：56-65+80.

［245］吕越，盛斌，吕云龙. 中国的市场分割会导致企业出口国内附加值率下降吗［J］. 中国工业经济，2018（5）：5-23.

［246］马红旗，田园. 市场分割对我国钢铁企业产能过剩的影响［J］. 经济评论，2018（4）：59-71.

［247］马霞. 中国双向投资动态演变及决定因素研究［M］. 北京：经济管理出版社，2024.

［248］马铁群．技术进步、政府干预与制造业产能过剩［J］．中国科技论坛，2017（1）：60-68.

［249］毛其淋，钟一鸣．进口扩张如何影响企业产能利用率？——来自中国制造业企业的微观证据［J］．世界经济文汇，2022（3）：1-16.

［250］孟茂源，张广胜．劳动力成本上升对制造业企业高质量发展的影响分析［J］．经济问题探索，2021（2）：145-155.

［251］米捷，林润辉，谢宗晓．考虑组织学习的组织惯例变化研究［J］．管理科学，2016，29（2）：2-17.

［252］戚聿东，蔡呈伟．数字化企业的性质：经济学解释［J］．财经问题研究，2019（5）：121-129.

［253］戚聿东，肖旭．数字经济时代的企业管理变革［J］．管理世界，2020，36（6）：135-152+250.

［254］戚聿东，肖旭．数字经济概论［M］．北京：中国人民大学出版社，2022.

［255］齐绍洲，徐珍珍，谭秀杰，张继宏．中国碳市场产能过剩行业的碳排放配额如何分配是有效的？［J］．中国人口·资源与环境，2021，31（9）：73-85.

［256］祁怀锦，曹修琴，刘艳霞．数字经济对公司治理的影响——基于信息不对称和管理者非理性行为视角［J］．改革，2020（4）：50-64.

［257］邱子迅，周亚虹．数字经济发展与地区全要素生产率——基于国家级大数据综合试验区的分析［J］．财经研究，2021，47（7）：4-17.

［258］任保平．新时代我国制造业高质量发展需要坚持的六大战略［J］．人文杂志，2019（7）：31-38.

［259］任春艳，赵景文．会计信息质量对公司资本配置效率影响的路径——来自中国上市公司经验证据的研究［J］．经济管理，2011，33（7）：106-111.

［260］尚会永，白怡珺．中国制造业高质量发展战略研究［J］．中州学刊，2019（1）：23-27.

［261］沈利生．我国潜在经济增长率变动趋势估计［J］．数量经济技术经济研究，1999（12）：3-6.

［262］盛斌，毛其淋．贸易开放、国内市场一体化与中国省际经济增长：1985—2008年［J］．世界经济，2011（11）：44-66.

［263］施本植，汤海滨．什么样的杠杆率有利于企业高质量发展［J］．财经科学，2019（7）：80-94.

［264］宋德勇，朱文博，丁海．企业数字化能否促进绿色技术创新？——基于重污染行业上市公司的考察［J］．财经研究，2022，48（4）：34-48.

［265］宋晶，陈劲．企业家社会网络对企业数字化建设的影响研究——战略柔性的调节作用［J］．科学学研究，2022，40（1）：103-112.

［266］苏东水．产业经济学（第三版）［M］．北京：高等教育出版社，2010.

［267］孙帆，杜勇，胡红燕．企业数字化转型的去产能效应研究［J］．软科学，2023，37（10）：122-128.

［268］孙庆慧，高敏雪．产能利用率的测算方法与国内研究现状的可视化分析［J］．调研世界，2021（11）：62-72.

［269］孙湘湘，周小亮．服务业开放对制造业价值链攀升效率的影响研究——基于门槛回归的实证分析［J］．国际贸易问题，2018（8）：94-107.

［270］孙永磊，宋晶，陈劲．组织惯例研究的主流框架探索和未来研究趋势分析［J］．科学学与科学技术管理，2019，40（1）：100-112.

［271］孙早，侯玉琳．工业智能化如何重塑劳动力就业结构［J］．中国工业经济，2019（5）：61-79.

［272］孙哲远．数字经济发展如何影响制造业企业“脱虚向实”？——来自国家级大数据综合试验区的证据［J］．现代经济探讨，2022（7）：90-100.

［273］田秀娟，李睿．数字技术赋能实体经济转型发展——基于熊彼特内生增长理论的分析框架［J］．管理世界，2022，38（5）：56-74.

［274］万攀兵，杨冕，陈林．环境技术标准何以影响中国制造业绿色转型——基于技术改造的视角［J］．中国工业经济，2021（9）：118-136.

［275］汪芳，石鑫．中国制造业高质量发展水平的测度及影响因素研究［J］．中国软科学，2022（2）：22-31.

［276］汪进，尹兴中．流动性过剩、全球经济再平衡——后危机时代国际经济金融新格局分析［J］．经济学动态，2010（6）：14-19.

［277］王桂军，卢潇潇．“一带一路”倡议与中国企业升级［J］．中国工业经济，2019（3）：43-61.

［278］王海花，杜梅．数字技术、员工参与与企业创新绩效［J］．研究与发展管理，2021，33（1）：138-148.

[279] 汪进，尹兴中．流动性过剩、全球经济再平衡——后危机时代国际经济金融新格局分析［J］．经济学动态，2010（6）：14-19.

[280] 王俊豪．产业经济学（第二版）［M］．北京：高等教育出版社，2012.

[281] 王俊秋，张奇峰．信息透明度与经理薪酬契约有效性：来自中国证券市场的经验证据［J］．南开管理评论，2009，12（5）：94-100.

[282] 王立国，高越青．基于技术进步视角的产能过剩问题研究［J］．财经问题研究，2012（2）：26-32.

[283] 王文，孙早，牛泽东．产业政策、市场竞争与资源错配［J］．经济学家，2014（9）：22-32.

[284] 王昕．中国直接融资方式的发展［M］．北京：中国计划出版社，2000.

[285] 王永进，匡霞，邵文波．信息化、企业柔性与产能利用率［J］．世界经济，2017，40（1）：67-90.

[286] 王永钦，董雯．机器人的兴起如何影响中国劳动力市场？——来自制造业上市公司的证据［J］．经济研究，2020，55（10）：159-175.

[287] 韦庄禹．数字经济发展对制造业企业资源配置效率的影响研究［J］．数量经济技术经济研究，2022，39（3）：66-85.

[288] 魏明海，柳建华．国企分红、治理因素与过度投资［J］．管理世界，2007（4）：88-95.

[289] 温湖炜，王圣云．数字技术应用对企业创新的影响研究［J］．科研管理，2022，43（4）：66-74.

[290] 文东伟，冼国明．企业异质性、融资约束与中国制造业企业的出口［J］．金融研究，2014（4）：98-113.

[291] 吴非，胡慧芷，林慧妍，任晓怡．企业数字化转型与资本市场表现——来自股票流动性的经验证据［J］．管理世界，2021，37（7）：130-144.

[292] 武常岐，张昆贤，周欣雨，周梓洵．数字化转型、竞争战略选择与企业高质量发展——基于机器学习与文本分析的证据［J］．经济管理，2022，44（4）：5-22.

[293] 武汉大学工业互联网研究课题组．“十四五”时期工业互联网高质量发展的战略思考［J］．中国软科学，2020（5）：1-9.

[294] 席鹏辉，梁若冰，谢贞发，苏国灿．财政压力、产能过剩与供给侧改

革［J］. 经济研究，2017，52（9）：86-102.

［295］肖静华. 企业跨体系数字化转型与管理适应性变革［J］. 改革，2020（4）：37-49.

［296］肖土盛，吴雨珊，亓文韬. 数字化的翅膀能否助力企业高质量发展——来自企业创新的经验证据［J］. 经济管理，2022，44（5）：41-62.

［297］肖旭，戚聿东. 产业数字化转型的价值维度与理论逻辑［J］. 改革，2019（8）：61-70.

［298］谢康，廖雪华，肖静华. 突破“双向挤压”：信息化与工业化融合创新［J］. 经济学动态，2018（5）：42-54.

［299］谢绚丽，沈艳，张皓星，郭峰. 数字金融能促进创业吗？——来自中国的证据［J］. 经济学（季刊），2018，17（4）：1557-1580.

［300］辛清泉，孔东民，郝颖. 公司透明度与股价波动性［J］. 金融研究，2014（10）：193-206.

［301］邢小强，周平录，张竹，汤新慧. 数字技术、BOP 商业模式创新与包容性市场构建［J］. 管理世界，2019，35（12）：116-136.

［302］徐林，侯林岐，程广斌. 国家级大数据综合试验区创新效应研究［J］. 科技进步与对策，2022：1-10.

［303］徐齐利，范合君. 产能过剩：概念界定、研究谱系与理论架构［J］. 当代经济科学，2018，40（6）：49-59.

［304］徐齐利，聂新伟. 资源软约束、环境硬约束与产能过剩［J］. 产业经济评论（山东大学），2017（2）：82-144.

［305］徐齐利，王文举，聂新伟. 行业前景、市场占先与产能过剩［J］. 产业经济评论，2018（2）：10-34.

［306］徐业坤，马光源. 地方官员变更与企业产能过剩［J］. 经济研究，2019，54（5）：129-145.

［307］许宪春，张美慧. 中国数字经济规模测算研究——基于国际比较的视角［J］. 中国工业经济，2020（5）：23-41.

［308］颜晓畅，黄桂田. 政府财政补贴、企业经济及创新绩效与产能过剩——基于战略性新兴产业的实证研究［J］. 南开经济研究，2020（1）：176-198.

［309］杨公仆. 产业经济学［M］. 上海：复旦大学出版社，2005.

［310］杨慧梅，江璐．数字经济、空间效应与全要素生产率［J］．统计研究，2021，38（4）：3-15.

［311］杨冕，王恩泽，叶初升．环境管理体系认证与中国制造业企业出口“增量提质”［J］．中国工业经济，2022（6）：155-173.

［312］杨贤宏，宁致远，向海凌，陈谨．地方经济增长目标与企业数字化转型——基于上市企业年报文本识别的实证研究［J］．中国软科学，2021（11）：172-184.

［313］杨宏力．巩固和完善农村基本经营制度研究［M］．北京：经济科学出版社，2023.

［314］杨振兵．对外直接投资、市场分割与产能过剩治理［J］．国际贸易问题，2015（11）：121-131.

［315］姚小涛，亓晖，刘琳琳，肖婷．企业数字化转型：再认识与再出发［J］．西安交通大学学报（社会科学版），2022，42（3）：1-9.

［316］姚战琪．数字经济对我国制造业出口竞争力的影响及其门槛效应［J］．改革，2022（2）：61-75.

［317］易靖韬，王悦昊．数字化转型对企业出口的影响研究［J］．中国软科学，2021（3）：94-104.

［318］易露霞，吴非，徐斯旸．企业数字化转型的业绩驱动效应研究［J］．证券市场导报，2021（8）：15-25+69.

［319］于文超，王小丹．政企关系重构、政企信息不对称与企业产能利用率［J］．产业经济研究，2020（2）：131-142.

［320］余东华，李捷，孙婷．供给侧改革背景下中国制造业“高新化”研究——地区差异、影响因素与实现路径［J］．天津社会科学，2017（1）：97-107.

［321］余东华，吕逸楠．政府不当干预与战略性新兴产业产能过剩——以中国光伏产业为例［J］．中国工业经济，2015（10）：53-68.

［322］余东华．“十四五”期间我国未来产业的培育与发展研究［J］．天津社会科学，2020（3）：12-22.

［323］余淼杰，金洋．产能过剩的现状、前因后果与应对［J］．长安大学学报（社会科学版），2018，20（5）：48-60.

［324］袁淳，肖土盛，耿春晓，盛誉．数字化转型与企业分工：专业化还是纵向一体化［J］．中国工业经济，2021（9）：137-155.

［325］湛正群，杨华．外部环境、内部能力与高新技术企业创新绩效关系实证研究［J］．科技管理研究，2016，36（15）：136-142.

［326］张陈宇，孙浦阳，谢娟娟．生产链位置是否影响创新模式选择——基于微观角度的理论与实证［J］．管理世界，2020，36（1）：45-59+233.

［327］张国胜，杜鹏飞，陈明明．数字赋能与企业技术创新——来自中国制造业的经验证据［J］．当代经济科学，2021，43（6）：65-76.

［328］张国胜，杜鹏飞．数字化转型对我国企业技术创新的影响：增量还是提质？［J］．经济管理，2022，44（6）：82-96.

［329］张韩，王雄元，张琳琅．市场准入管制放松与供给侧去产能——基于负面清单制度试点的准自然实验［J］．财经研究，2021，47（7）：93-107.

［330］张建勇，葛少静，赵经纬．媒体报道与投资效率［J］．会计研究，2014（10）：59-65+97.

［331］张杰，郑文平．创新追赶战略抑制了中国专利质量么？［J］．经济研究，2018，53（5）：28-41.

［332］张凯淇．信息化与产能过剩［D］．南京大学，2021.

［333］张文魁．数字经济的内生特性与产业组织［J］．管理世界，2022，38（7）：79-90.

［334］张新海．产能过剩的定量测度与分类治理［J］．宏观经济管理，2010（1）：50-51+54.

［335］张永珅，李小波，邢铭强．企业数字化转型与审计定价［J］．审计研究，2021（3）：62-71.

［336］章潇萌，刘相波．融资约束、人工智能与经济增长［J］．财经研究，2022，48（8）：63-77.

［337］赵爱英，牛晓霞，沈子兰．我国制造业高质量发展的难点及其路径［J］．西安财经大学学报，2020，33（6）：49-57.

［338］赵宸宇．数字化发展与服务化转型——来自制造业上市公司的经验证据［J］．南开管理评论，2021，24（2）：149-163.

［339］赵健宇，陆正飞．养老保险缴费比例会影响企业生产效率吗？［J］．经济研究，2018，53（10）：97-112.

［340］赵涛，张智，梁上坤．数字经济、创业活跃度与高质量发展——来自中国城市的经验证据［J］．管理世界，2020，36（10）：65-76.

［341］赵西三．数字经济驱动中国制造转型升级研究［J］．中州学刊，2017（12）：36-41.

［342］赵颖．中国上市公司高管薪酬的同群效应分析［J］．中国工业经济，2016（2）：114-129.

［343］钟春平，潘黎．“产能过剩”的误区——产能利用率及产能过剩的进展、争议及现实判断［J］．经济学动态，2014（3）：35-47.

［344］中国经济增长前沿课题组，张平，刘霞辉，袁富华，陈昌兵．突破经济增长减速的新要素供给理论、体制与政策选择［J］．经济研究，2015，50（11）：4-19.

［345］周茂，李雨浓，姚星，陆毅．人力资本扩张与中国城市制造业出口升级：来自高校扩招的证据［J］．管理世界，2019，35（5）：64-77+198-199.

［346］周文辉，王鹏程，杨苗．数字化赋能促进大规模定制技术创新［J］．科学学研究，2018，36（8）：1516-1523.

［347］周洲，吴馨童．数字技术应用对企业产品成本优势的影响［J］．管理学报，2022，19（6）：910-918+937.

［348］朱希伟，沈璐敏，吴意云，罗德明．产能过剩异质性的形成机理［J］．中国工业经济，2017（8）：44-62.

［349］庄雷，赵成国．示范或挤出效应：互联网金融平台效率的实证研究［J］．商业研究，2017（9）：80-87.

后　记

在数字化时代的剧烈洪流中，中国制造业企业在冲浪前行。数字技术在中国制造业企业中的应用已成为推动产业转型升级、实现经济高质量发展的重要力量。本书尝试捕捉这一历史时刻的关键动态如何影响企业的产能利用率这一制造业企业核心指标之一，即围绕“数字技术应用对中国制造业企业产能利用率的影响”这一核心议题，展开了深入而系统的研究。通过综合运用产业组织理论、产业发展理论以及技术进步理论，本书构建了一个全面的分析框架，旨在剖析数字技术应用如何影响制造业企业的产能利用率，并进一步探索了其中的影响机制和调节因素。

在理论层面，本书从产业组织理论的SCP范式出发，将数字技术应用和产能利用率纳入SCP范式中进行分析：现有的市场结构（S）不能满足国家去产能的政策导向和经济高质量发展的现实需求，企业通过数字技术应用行为（C）改变原有粗放式的生产经营模式，实现产能利用率的提高，提升企业绩效（P）。本书应用了Romer的内生增长模型，从理论上推导出数字技术应用对产能利用率的积极作用，还探索了数字技术应用对制造业企业产能利用率的影响机制、异质性影响以及环境的调节作用。这些理论分析提供了深入洞察数字技术应用如何改变传统制造业企业运作模式的新视角。

在实证研究中，本书运用了丰富的中国制造业企业数据，通过科学的计量方法，验证了理论分析的正确性。研究发现，数字技术应用确实对制造业企业产能利用率有显著的提升作用，并且这种作用是通过多种机制实现的，包括投资改善、企业柔性提升、创新激励以及人力资本优化等。同时也注意到，不同特性的企业对数字技术应用的反应存在差异，这体现了数字技术影响的复杂性和多样性。无论是企业融资约束、所处生命周期、所有权性质还是技术密集度等的差异，数字技术应用对产能利用率的影响均存在异质性，这表明数字化转型路径需因企而异、量体裁衣。此外，本书还深入探讨了企业内外部环境条件对数字技术应用去产能效果的调节作用。希望这些发现能够深化读者对于数字技术与制造业企业关系的理解，而且能为那些寻求在数字化变革中把握先机、不断提升自身竞争力的企业以及制定相关政策的决策者们提供有价值的参考。愿数字技术的春风，吹拂每一家制造业企业，共同迎接中国制造业的灿烂未来。

在本书的撰写过程中，我得到了经济管理出版社的大力支持和专业指导。出版社编辑的严谨态度和专业精神使本书的内容更加精炼、结构更加合理。在此，笔者要向经济管理出版社表示衷心的感谢。同时要感谢聊城大学学术著作出版基金资助，感谢2023年度山东省重点研发计划（软科学项目）：数字技术创新赋能山东省制造业企业高质量发展的机制、效应与路径研究（2023RKY03019），感谢聊城大学博士科研启动基金（321052314），感谢山东省高等学校青创科技支持计划（2023RW051）。需要说明的是，本书为笔者博士毕业论文的拓展与深化，在此衷心感谢博士生导师杨艳琳教授的指导以及武汉大学经济研究所各位老师提出的宝贵建议。

希望本书的出版能为推动中国制造业企业的数字化转型和高质量发展贡献一份力量。本书虽已完成，但关于数字技术与制造业融合发展的研究仍在继续。未来笔者将继续关注这一领域的最新动态和发展趋势，期待能在这个领域取得更多的成果，为中国制造业的创新升级提供更多的理论支撑和实践指导。同时，也期待与更多的学者、企业家和政策制定者共同探讨和推动数字技术与制造业的深度融合，共同迎接一个新的工业革命时代的到来！